*partes de mim*

parts & minm

# WHOOPI GOLDBERG

## *partes de mim*
### A VIDA COM MINHA MÃE E MEU IRMÃO

*Tradução* Steffany Dias

**GLOBO**LIVROS

Copyright © 2025 by Editora Globo S.A
Copyright do texto © 2025 by Whoopi Goldberg

Todos os direitos reservados. Nenhuma parte desta edição pode ser utilizada ou reproduzida —
em qualquer meio ou forma, seja mecânico ou eletrônico, fotocópia, gravação etc. — nem apropriada ou
estocada em sistema de banco de dados sem a expressa autorização da editora.

Texto fixado conforme as regras do Acordo Ortográfico da Língua Portuguesa
(Decreto Legislativo no 54, de 1995).

*Editor responsável:* Guilherme Samora
*Editor-assistente:* Renan Castro
*Preparação:* Juliana Oliveira
*Revisão:* Lorrane Fortunato
*Projeto gráfico:* Douglas K. Watanabe
*Capa e diagramação:* Carolinne de Oliveira
*Foto de capa:* Timothy White/ AUGUST
*Fotos de quarta capa e internas:* arquivo pessoal da autora

CIP-BRASIL. CATALOGAÇÃO NA PUBLICAÇÃO
SINDICATO NACIONAL DOS EDITORES DE LIVROS, RJ

G564w
    Goldberg, Whoopi, 1950-
      Whoopi Goldberg : partes de mim : a vida com minha mãe e meu irmão /
Whoopi Goldberg ; tradução Steffany Dias. - 1. ed. - Rio de Janeiro : Globo Livros, 2025.
      200 p.; 23 cm.

      Tradução de: Whoopi Goldberg : bits and pieces : my mother, my brother and me
      ISBN 978-65-5987-244-2

      1. Goldberg, Whoopi, 1950- . 2. Atores e atrizes de cinema - Estados Unidos -
Biografia. 3. Cantoras negras - Estados Unidos - Biografia. 4. Autobiografia. I. Dias,
Steffany. II. Título.

25-97157.0
                    CDD: 791.43092
                    CDU: 929:791(73)

Meri Gleice Rodrigues de Souza — Bibliotecária — CRB-7/6439

1ª edição, 2025

Direitos de edição em língua portuguesa para o Brasil adquiridos
por Editora Globo S.A.
Rua Marquês do Pombal, 25
CEP 20230-240 – Rio de Janeiro – RJ
www.globolivros.com.br

*Este livro é para todos aqueles que conheceram a minha mãe e o meu irmão.*

# Introdução

PROVAVELMENTE, nenhum de nós teve a infância que acha que teve. Nós temos apenas memórias individuais do que acreditamos que aconteceu. Converse com irmãos nascidos com dois anos de diferença, e eles darão perspectivas diferentes sobre o mesmo acontecimento ou as mesmas experiências da infância.

Então, o que isso quer dizer? Que não podemos confiar nas nossas memórias? Sabe, é isso mesmo. É exatamente isso.

Quando a minha mãe morreu de maneira repentina em agosto de 2010, levei algum tempo para sentir o real impacto de sua ausência. Eu ainda tinha o meu irmão mais velho, Clyde. Contanto que ele estivesse comigo, eu teria uma base. Na minha família, éramos só nós três: mãe, irmão e eu. Eu sabia que Clyde e eu ficaríamos bem. Nós estávamos na casa dos cinquenta, então pensei que teria meu irmão na minha vida por mais cinquenta e cinco anos, pelo menos.

Mas, cinco anos após minha mãe falecer, Clyde morreu inesperadamente de aneurisma. Eu fiquei perplexa, mas, de certo modo, não foi uma surpresa tão grande assim. Ele mudou depois da morte de nossa mãe. Para Clyde, a perda dela foi profundamente devastadora, mais do que ele conseguia expressar para mim. Quando minha mãe morreu, grande parte de meu irmão se foi com ela. A maioria das pessoas não percebia isso, mas eu sim.

Depois que Clyde se foi, eu não sabia mais o que fazer da vida. Eu não estava preparada para me sentir tão solitária. Tornar-me uma orfã me impactou bastante. Queria rastejar para dentro de uma caverna e me esconder. Mas minha agenda de trabalho não me permitia fazer isso. Eu segui em frente... me sentindo vazia. Era tudo o que eu podia fazer. Não podia me desesperar, gritar ou bater os pés no chão. Isso não mudaria nada.

De repente, tive a sensação de que algumas coisas estavam confusas, de que precisava de certas respostas. Mas, ao mesmo tempo, eu não sabia de fato que essas questões existiam. Comecei a questionar a veracidade de alguma das minhas lembranças, ou se elas não passavam de coisas que eu tinha visto ou lido muito tempo antes.

Clyde era a única pessoa que guardava as mesmas lembranças que eu. Era a única testemunha da minha infância.

Eu sempre perguntava a ele: "Estou louca? Isso aconteceu mesmo?"

E então ele dizia algo do tipo: "Aconteceu, mana, mas foi nessa ou naquela época". Ou então: "Nós fomos lá, sim, nessa época, e foi porque..."

Agora eu não tenho mais Clyde para me orientar. Não tenho mais a quem perguntar.

É algo que todos nós temos que enfrentar: a morte daqueles que nos conhecem como ninguém, das pessoas que fizeram parte da nossa história. Eu me sinto muito sozinha sem minha família. Sem eles, eu admito que, pela primeira vez na vida, sinto um medo descomunal.

Eu deveria começar este livro dizendo que é possível que nada do que escrevi aqui aconteceu de fato, ou que nada aconteceu como foi descrito. Nunca escrevi em diários ou agendas. Não sei a data certa de muitas das minhas memórias ou até mesmo a minha idade na época.

Você pode me questionar: "Então por que está escrevendo um livro de memórias?"

Porque as duas pessoas mais formidáveis que conheci foram a minha mãe, Emma, e meu irmão, Clyde, e eles basicamente fizeram de mim a pessoa que eu sou hoje.

Além disso, eu sinto que, ao longo desses treze anos sem a minha mãe, as lembranças que tenho dela, que eram intensas como um fogaréu, agora brilham pouco mais que uma centelha. Sei que a mesma coisa vai acontecer com as minhas lembranças de Clyde, então quero colocá-las em palavras antes que comecem a desbotar.

Além de todos os grandes papéis que eu interpretei no cinema, na televisão e nos palcos, como personagem ou como eu mesma, eu também escrevi bastante. Escrevi monólogos, esquetes de comédia, músicas, discursos para apresentadores do Oscar, livros infantis, uma espécie de *Alice no país das maravilhas* para meninas negras, e publiquei livros sobre relacionamentos, envelhecimento, questões políticas e sociais e até de boas maneiras.

Agora estou escrevendo um livro sobre a minha família nuclear: meu irmão, Clyde, e principalmente a minha mãe, porque nada do que fiz teria acontecido sem ela. Jamais duvidei de que ela me amava exatamente como eu sou. Minha mãe me fez acreditar que eu podia fazer tudo o que desejasse. Quando contei a ela que queria ser atriz, ela me ouviu, conversou comigo a respeito disso e me apoiou. Por causa dela, eu deixei de ser Caryn Johnson, a "garotinha esquisita" da periferia, por quem ninguém dava nada, para ser eu, Whoopi Goldberg.

Eu sei que tive e ainda tenho muita sorte. Nem todo mundo vem a este mundo com pais que deixam você ser exatamente quem é e te dão confiança para se tornar exatamente quem quiser ser. Então, achei bom dividir a minha mãe com vocês.

# Capítulo Um

Minha mãe, Emma Johnson, e meu irmão, Clyde, já eram unha e carne quando eu entrei em cena. Clyde tinha seis anos, e ninguém sabia quantos anos minha mãe tinha. Ela se recusava a revelar a idade para mim ou qualquer outra pessoa. Mesmo assim, de vez em quando, eu tentava arrancar dela essa informação. Não sei bem por quê. Ela geralmente respondia às minhas perguntas com outra pergunta.

"Por que você quer saber?", questionava ela.

"Porque é seu aniversário", eu respondia. "Então, quantos anos você tem?"

"Que importância isso tem?"

"Eu só quero saber."

Ela acendia um cigarro Kool e me encarava.

"Tenho idade suficiente para ser sua mãe."

Era o máximo que eu conseguia. Durante minha infância, eu tentava não fazer muitas perguntas para não deixar minha mãe irritada. Na década de 1960, os adultos achavam que as crianças não deveriam saber muito da vida deles, pelo menos os do meu bairro.

Foi só quando eu cheguei aos cinquenta que ela me contou um segredo que guardou por quarenta anos, e assim eu pude compreender por que ela era do jeito que era e como isso moldou a pessoa que hoje eu sou.

Eu achava minha mãe a pessoa mais interessante, mais bonita, engraçada e sábia do mundo. E Clyde, o irmão mais descolado de todos. Era o que acreditava durante a infância, e isso nunca mudou. Eu sabia que tinha sorte por minha mãe e Clyde me deixarem passar tempo com eles. Não é que eles não me quisessem por perto, mas já tinham uma química de dupla perfeita, que expandiram para me incluir.

Nós três morávamos nos conjuntos habitacionais do Chelsea, na rua 26 com a Décima Avenida, em Manhattan, em um apartamento de cinco cômodos no sexto andar de um prédio de tijolos expostos de doze andares. Havia outros nove edifícios como o nosso. Tínhamos cerca de 2.400 vizinhos próximos. Pessoas de todas as cores, religiões, idiomas e culturas, todas amontoadas em alguns quarteirões.

Ao que tudo indica, nós morávamos em um conjunto habitacional porque éramos pobres, mas eu não sabia disso. Quando se é criança, você aceita as coisas como elas são. Ninguém me explicou o que significava "ser pobre", porque todos ali estavam na mesma situação. No lugar onde eu vivia, muitas pessoas mal conseguiam sobreviver. De algum modo, minha mãe conseguiu fazer com que meu irmão e eu sentíssemos como se vivêssemos na porta de entrada de um mundo grande e interessante, e nesse mundo nós poderíamos fazer o que quiséssemos.

Desde que me recordo, minha mãe me dizia: "Olha, as limitações do bairro não são as limitações da sua vida. Você pode fazer o que quiser, pode ser quem quiser. Mas, não importa o que escolher, seja você mesma."

Eu acreditei nela. Isso fez toda a diferença no meu futuro.

Na prática, não tínhamos nenhum dinheiro sobrando, nenhuma reserva para os dias difíceis, nenhum pote de moedas em cima da geladeira. Nenhum cheque de pensão alimentícia chegava pelo correio. Nenhuma herança a ser recebida. A mãe da minha mãe morreu aos cinquenta anos, e o pai dela se casou com outra pessoa. Não esperávamos receber nada de nenhum testamento. Emma estava sozinha e, ao mesmo tempo, não estava. Ela tinha Clyde e eu.

Já adulta, quando perguntava a ela: "Mãe, como você conseguiu nos levar para ver patinação no gelo e o musical de natal no Radio City Music Hall e todas as outras coisas que fizemos?" Ela respondia: "Por que está me perguntando isso?" E eu falava: "Porque nós sempre íamos a vários lugares e víamos tudo. Como você conseguiu fazer isso? Como fez tudo acontecer?"

"Não entendo por que você está me perguntando isso", ela dizia. E eu acabava me sentindo meio estúpida, como se não tivesse perguntado da maneira certa. Então eu deixava pra lá. Era um mistério para mim naquela época e, agora que ela se foi, sempre será.

Nova York nas décadas de 1960 e 1970 era a cidade do momento. Estava acontecendo de tudo por lá: o movimento pop art, arte atemporal, balé clássico, a sinfonia, músicas de protesto, dançarinos da Alvin Ailey, poetas beatnik, teatro de rua, hippies, direitos civis, movimento de libertação das mulheres, direitos dos homossexuais, o teatro Lincoln Center, o cinema, Miles Davis, a casa de jazz Birdland, o produtor teatral Joe Papp com as peças de Shakespeare encenadas ao ar livre no Shakespeare in the Park, e uma longa fila de mulheres fazendo a dança cancan no Radio City Music Hall. Tudo ficava a quinze centavos de ônibus ou a uma viagem de metrô; para as crianças, custava dez centavos.

Minha mãe descobria quais eram os dias gratuitos nas galerias e nos museus e dava um jeito para que Clyde e eu fôssemos ver as mais novas exposições do Metropolitan Museum of Art ou do American Museum of Natural History, embora ela raramente pudesse ir conosco por causa do trabalho.

Em casa, ouvíamos todos os estilos de música em nosso toca-discos: Lady Day, mais conhecida como Billie Holiday; Bing Crosby; Ella Fitzgerald; Peter, Paul and Mary; Pavarotti; The Supremes; Sinatra; e os Beatles. Minha mãe tinha olhos e ouvidos apurados para reconhecer o que gostava, e ela gostava dos Beatles.

Os Beatles tocaram no Shea Stadium em 1965. De alguma forma, minha mãe conseguiu ingressos. Nossos assentos ficavam bem no alto, na ala superior do estádio. Enormes holofotes zuniam bem acima das nossas cabeças, mas não tinha importância. Nós estávamos no estádio com outros cinquenta e seis mil fãs. Não havia muitas outras crianças de nove anos naquela plateia vendo quatro caras da Inglaterra, com jaquetas iguais e calças pretas, cantarem "Can't Buy Me Love", mas minha mãe fez isso acontecer para mim.

Por algum motivo, ela não era muito fã da música dos Rolling Stones e não queria que os escutássemos em casa. Acho que me lembro de ela dizer algo sobre eles "serem sujos". Pensei que queria dizer que eles não tomavam banho, mas ela provavelmente estava se referindo às letras. Minha mãe raramente dizia algo negativo sobre alguém. Ela achava que "(I Can't Get No) Satisfaction" e "Get Off of My Cloud" não eram tão agradáveis quanto "I Want to Hold Your Hand".

Eu não podia ficar reclamando muito quando era criança. Minha mãe dizia: "Se você vai ficar triste hoje, então faça direito. Deite no sofá, com o pulso na testa, e suspire alto, para a gente saber o que está acontecendo com você. Assim, podemos nos afastar e dizer: 'Tudo bem. Agora, ela está se sentindo assim. Ponha para fora. Acabe com isso. Eu espero.'"

Ela não acreditava em autopiedade. A postura dela era simples, e uma das coisas mais importantes que ela me fez entender foi: "Você tem duas escolhas. Pode perder muito tempo reclamando ou pode se levantar e descobrir como solucionar o problema."

Minha mãe ia direto ao ponto: "Eu preciso ser prática. Tenho dois filhos. Não posso ficar chorando pelo que não tenho. Preciso entender o que tenho e começar daí." Era assim que ela encarava a vida. Ela não reclamava nem explicava nada. Apesar de tudo, minha mãe costumava rir. Bastante. Ela adorava um bom motivo para dar risada. Clyde e eu herdamos esse gene. Nós três sabíamos como nos divertir juntos.

Quando eu tinha uns oito anos, minha mãe, meu irmão e eu pegamos o metrô, e talvez o ônibus, até o parque de diversões Rockaways' Playland. Esse tipo de aventura era sempre garantia de um dia inteiro de diversão. O parque tinha a entrada de uma casa maluca, onde uma cilindro gigante girava lentamente na horizontal, e nós tínhamos que atravessá-lo, enquanto ele se movia até o outro lado.

Clyde conseguiu passar tranquilamente. Eu atravessei logo em seguida. Então, nós ouvimos a risada da minha mãe. Olhamos para o cilindro e a vimos de quatro, tentando não tombar quando o cilindro girava. Toda vez que ela tentava se levantar, ria mais e caía no chão. Clyde voltou para ajudá-la e acabou caindo de bunda também. Então, achei que o jeito era voltar lá e me juntar a eles. Nós três caímos de um lado para o outro, com Clyde e eu gargalhando alto e a risada leve e musical da minha mãe ecoando no cilindro.

Por fim, o funcionário do parque desligou o brinquedo, na esperança de tirar aquela família maluca de lá. Eu sempre me senti segura e amada na infância. Achava que tudo daria certo porque minha mãe estava no comando. Se nós três estivéssemos juntos, eu acreditava que éramos capazes de fazer qualquer coisa.

Quando fiquei mais velha, entendi o que minha mãe teve que passar para manter um teto sobre as nossas cabeças. Meu pai e minha mãe se separaram, então ele não foi um pai presente. Minha mãe tentou fazer, na justiça, com que ele ajudasse financeiramente, mas amparar mulheres negras pobres não estava no topo da lista de prioridades dos tribunais, e ela não conseguia pagar um advogado para ajudá-la.

Mesmo assim, minha mãe se recusava a pedir auxílio social, dizendo: "Se eu posso trabalhar e cuidar de mim mesma, então é o que eu vou fazer." Ela não gostava do estigma atrelado à assistência governamental. Eu a vi chorar uma ou duas vezes por não conseguir pagar os impostos. Mas, quando criança, nunca percebi que o próximo pagamento era a única coisa que nos mantinha longe de uma situação precária.

Mais ou menos como aconteceu no cilindro da casa maluca, minha mãe nunca pôde parar por um minuto, nunca pôde deixar outra pessoa cuidar de tudo por um tempo. Ninguém viria a seu resgate, e ela sabia disso. Não havia plano alternativo. Quaisquer que fossem os desafios que surgiam, de alguma forma, ela conseguiu enfrentá-los. E sozinha.

Clyde e eu nunca pensamos que ela precisasse ser resgatada. Ela tinha um ar de autoridade que nós nunca questionamos. Mas, na realidade, minha mãe teve que suportar muitas coisas que teriam massacrado alguém menos resistente.

Em 1994, oito anos após estrelar o filme *Salve-me quem puder*, liguei para minha mãe para fazer uma pergunta:

"Mãe, os Rolling Stones me convidaram para ir a Miami, para as filmagens da turnê Voodoo Lounge. Querem que eu os apresente ao público e depois me junte a eles no palco durante 'Jumpin' Jack Flash'. Quer ir comigo?"

Eu não tinha certeza de como ela responderia, levando em consideração o que ela pensava deles quando eu era mais nova, mas ela me disse que gostaria de ir.

No palco, ao lado de Mick Jagger para cantar "Jumpin' Jack Flash", eu olhei para baixo e vi minha mãe dançando na primeira fila, segurando o isqueiro bem acima da cabeça. (Naquela época, não tínhamos celulares para balançar, então os fãs seguravam isqueiros.) Eu não conseguia tirar os olhos dela — minha mãe estava curtindo muito, ao som dos Stones. Olhei para ela e comecei a rir. Ela me olhou e riu. Vivemos a vida assim, até o dia em que ela morreu.

# Capítulo Dois

AINDA ESTAVA VESTIDA DE FREIRA quando recebi um telefonema do meu irmão, Clyde. Ele estava na minha casa, em Berkeley, na Califórnia, e eu estava em Londres, em cartaz com a peça *Mudança de hábito* no teatro Palladium em agosto de 2010.

O programa que eu apresentava regularmente, *The View*, estava durante o recesso de um mês, então eu fui até o West End de Londres para fazer uma curta temporada de vinte apresentações da peça. Dessa vez, eu interpretava a Madre Superiora, e não a minha personagem do filme de 1992, a cantora de cabaré Deloris Van Cartier. Na época, eu tinha cinquenta e quatro anos, então achei que o papel da madre me cairia melhor.

Faltavam duas apresentações para eu voltar para casa.

Naquela noite, a atriz Maggie Smith e alguns amigos estavam na plateia para me assistir. Ela foi até o camarim, me cumprimentou, e eu achei o máximo. Quando meu celular tocou e eu vi que era Clyde, pensei em dizer a ele que ligaria mais tarde.

"É a mãe", Clyde disse.

"Como assim? O que está acontecendo?", perguntei.

"Caryn, a mãe morreu. Faz umas duas horas."

"Como? Onde?"

Clyde me disse que ela tinha pedido que ele comprasse jornal e cigarros More. Minha mãe adorava os cigarros dessa marca e não gostava de ficar sem eles. Quando ele voltou, ela estava deitada de lado no sofá, segurando um cigarro apagado, sorrindo, sem respirar.

"Ela está no hospital", Clyde me contou. "Mas, olha, ela se foi."

Eu percebi, pela voz de Clyde, que ele estava bem abalado. Nenhum de nós esperava que algo assim acontecesse. O médico disse ao meu irmão que ela teve um aneurisma.

Ele estava péssimo, achando que poderia tê-la salvado. Mas, segundo o médico, esse não era o caso. Um vaso sanguíneo se rompeu no cérebro dela. Ela morreu rápido. Em um minuto, estava aqui. No outro, partiu.

Vou dizer uma coisa, se tem uma característica em comum na minha família, é a eficiência. Nós vamos direto ao assunto.

Eu tinha falado com a minha mãe pelo FaceTime no dia anterior. Falamos dos netos, das roseiras, dos gatos, dos cachorros e do Clyde. Passamos um tempão rindo. Ela parecia bem.

O FaceTime era novidade. No começo, minha mãe não queria se dar ao trabalho de aprender a usar. Para ela, só falar ao telefone era o suficiente. Mas, quando mostrei como era fácil fazer videochamada, ela passou a fazer também. Apesar dos oito mil quilômetros de distância entre nós, ainda podíamos nos ver todos os dias.

Eu falava com a minha mãe pelo telefone quase todos os dias quando não estava com ela. As conversas terminavam sempre da mesma maneira. Minha mãe, meu irmão e eu sempre dizíamos tudo que achássemos que o outro deveria saber antes de desligar. Se houvesse algum problema entre nós, colocávamos para fora e resolvíamos de uma vez. Um de nós dizia: "Você quer me dizer alguma coisa? Tem mais alguma coisa acontecendo?" E desligávamos depois de dizer "eu te amo". Era o que sempre fazíamos. Talvez fosse um tipo de "por via das dúvidas".

Eu não conseguia me conformar com o fato de que dessa vez o "via das dúvidas", era a realidade.

"O que o hospital vai fazer agora?", perguntei a meu irmão. Eu queria vê-la.

"Eu pedi que eles a deixassem ligada aos aparelhos até você chegar aqui", Clyde me disse.

Ele queria garantir que eu pudesse me despedir, dar um beijo de adeus.

"Vou pegar o primeiro voo que conseguir", respondi a ele.

"Não precisa se apressar. Ela não está mais aqui. Tudo bem, mana."

Eu expliquei a Maggie Smith o que estava acontecendo e me desculpei por ter que voltar para casa naquele mesmo instante. Com certeza, eu estava atordoada, andando em círculos.

Foi então que essa mulher formidável, a Dama Maggie Smith, deixou de ser uma visita no meu camarim para se tornar minha amiga pelo restante da noite. Ela decidiu me fazer companhia até a hora de eu ir para o aeroporto. Conseguiram agendar um voo para mim bem cedo na manhã seguinte. Pelas próximas cinco horas, Maggie deixou que eu alugasse seus ouvidos com histórias da minha mãe, da minha infância e do meu irmão. Nós demos boas risadas.

Eu não sei se estava em choque. Jamais havia estado em choque antes. Acho que não chorei. Eu não conseguia sentir nada, a não ser uma grande abundância do afeto de Maggie. Vou dizer uma coisa, ela é uma das pessoas por quem eu faria de tudo. Qualquer coisa que Maggie Smith precisar, eu vou lá e faço.

Do aeroporto de São Francisco fui direto para o hospital, ciente de que estava iniciando uma vida sem a minha mãe. Ela tinha me preparado para esse dia, mas eu nunca me sentiria pronta. Eu não estava preparada para não ser mais filha dela.

Minha mãe, vestida com a camisola do hospital, estava deitada na maca, ligada ao respirador. Ela parecia em paz, sem nenhuma dor.

Clyde e eu decidimos puxar o plug da tomada juntos para desligar o aparelho. O quarto ficou silencioso. Naquele momento, a química de três se tornou a química de dois. Quando eu olhei para o rosto de Clyde, seus olhos pareciam vazios, como se ele tivesse partido também.

Nós ficamos de pé ao lado da maca, em silêncio por um tempo.

Perguntei a Clyde se ele sabia o que aconteceria a seguir. Nos disseram que deveríamos chamar uma agência funerária para recolher o corpo. Haviam coisas importantes para serem resolvidas.

"Você sabe o que a Ma queria?", Clyde perguntou.

Eu respondi: "Talvez. Lembra quando a gente estava conversando sobre alguém que tinha falecido há pouco tempo? A mãe disse: 'Eu não quero ficar debaixo da terra, ocupando espaço. Não quero que as pessoas achem que precisam me visitar. Pode me colocar no micro-ondas.'"

Como eu disse: eficiência.

Clyde tinha uma vaga lembrança dessa decisão dela. Agora, precisávamos resolver como fazer aquilo acontecer. As pessoas eram mesmo colocadas em micro-ondas gigantes? Fizemos algumas ligações. As primeiras funerárias para as quais ligamos disseram: "Que merda é essa? Não, nós não temos micro-ondas gigantes. Para falar a verdade… ninguém tem."

Mas a terceira funerária disse: "Nosso micro-ondas está quebrado, mas venham nos visitar. Nós vamos auxiliar vocês."

E lá fomos nós ver o lugar que estava disposto a nos ajudar. Parecia que eles entendiam as pessoas em luto que nunca tiveram que lidar com a morte de alguém próximo.

No saguão da funerária, Clyde disse ao gerente: "Nós vamos precisar…"

O homem completou a frase dele dizendo: "…de um caixão. Venham comigo".

Havia diversos caixões. Minha mãe deixou explícito que *não* queria um sepultamento ou um funeral, que não queria ser enterrada.

De alguma forma, meu irmão e eu fizemos tudo o que era necessário para a cremação.

Clyde e eu enviamos punhados das cinzas para várias pessoas que ela amava, mas elas não ficaram muito felizes. Muita gente não gostou nada do fato de que nós não faríamos um funeral. Mas a minha mãe tinha deixado explícito que não era isso o que ela queria. Ela não queria que as pessoas tivessem que interromper suas rotinas nem atrapalhar os planos de ninguém. É como ela disse: "Os funerais são para as outras pessoas, não para o falecido. Eu não vou me importar. Não estarei lá mesmo. Então, se você não se incomoda, prefiro que não façam."

Em setembro, no dia em que ela faria aniversário, Clyde e eu levamos o restante das cinzas até a Disney, um de seus lugares favoritos.

Quando éramos pequenos, minha mãe sempre quis levar Clyde e eu para lá. Todo domingo à noite, nós assistíamos à *Abertura Disneylândia* na NBC. Na abertura do programa, a Sininho voava pela tela espalhando respingos de cor com sua varinha. Eu sabia que, se minha mãe pudesse dar um jeito para nos levar à Disney, nós teríamos ido.

Em meados da década de 1970, aos vinte e poucos anos, eu tinha alguns empregos relativamente estáveis em San Diego. E tinha guardado dinheiro para comprar passagens de ida e volta para minha mãe vir me visitar de Nova York. Demorei para juntar esse dinheiro, mas eu tinha um plano.

Um dia após a chegada de minha mãe, nós entramos no carro e pegamos a estrada. Passamos cerca de uma hora dirigindo e conversando, até que ela me perguntou: "Para onde estamos indo?"

"Ah, eu ouvi falar de um parque, estou tentando achar o lugar", eu disse, casualmente. "Acho que estamos chegando."

Por algum motivo, ela não viu a placa da Disney na saída da estrada.

Depois de alguns quilômetros na Harbor Boulevard, ela disse: "Caryn, quero muito sair do carro agora."

Então eu falei: "Vamos estacionar aqui. Parece um bom lugar para uma caminhada."

Eu entrei na rua do parque. Ela olhou em volta, percebeu onde estávamos e começou a chorar. Minha mãe quase nunca chorava, então eu sabia que ela tinha gostado.

"Eu tinha que ter trazido você e o Clyde", ela disse, me olhando.

"Ma, não importa quem trouxe quem. Já estamos aqui. Vem, vamos lá ver."

Nós fizemos de tudo na Disney. Eu comprei orelhas do Mickey, e nós passamos o dia inteiro com elas. Enfrentamos filas, fomos a todos os brinquedos do qual tínhamos ouvido falar, abraçamos os personagens e vimos todas as atrações. Ela ficou em êxtase.

Ela gostou principalmente do brinquedo "Small World". Minha mãe achava que os seres humanos deveriam ser como aquelas crianças da atração: uma união de todas as cores, religiões e culturas. A Disney fez parecer possível que todas as crianças do mundo pudessem dar as mãos em união.

Quando deixamos o "It's a Small World", ela me disse mais uma vez: "Eu queria ter feito isso por vocês."

Eu não sabia se conseguiria levá-la à Disney outra vez. Eu esperava que sim, mas não fazia ideia.

No dia em que Clyde e eu levamos as cinzas de nossa mãe para a Disney, é possível que tenhamos deixado a maior parte delas no "Small World". Nós fomos bem sutis, entre um espirro e outro, jogávamos as cinzas aqui e ali quando ninguém estava olhando. Ninguém percebeu, mas depois eu confessei a um funcionário do parque. Eles não se surpreenderam, mas também não ficaram nem um pouco contentes com a notícia.

Depois eu fiquei sabendo que isso é bastante comum e que tem muito fosfato de cálcio de famílias espalhado nos parques da Disney. (Hoje em dia, os funcionários estão muito mais atentos. Dizem que eles resolvem o problema com um aspirador de pó. Se você fizer isso, pode ser rapidamente escoltado até a saída. Não faça o que eu fiz.

Tenho certeza que você não quer que o descanso final do seu ente querido seja em um saco a vácuo.)

Eu demorei para entender que a morte de minha mãe tinha sido a experiência mais devastadora da minha vida. Foi um grande trauma. Ainda penso nela todo santo dia.

Minha mãe sempre foi de esconder o jogo. Até os meus quarenta anos, eu nunca soube muito de sua infância. Ela devia estar mais tagarela no dia em que contou a mim e ao Clyde sobre a sua infância no Harlem.

Minha mãe, Emma, era filha única, e sua prima, Arlene, era como se fosse sua irmã. As duas viviam com a mãe de Emma, Rachel, e a mãe de Arlene, Ruth, que eram irmãs de verdade. As duas eram tão diferentes quanto o dia e a noite. Ruth era um furacão de um metro e meio, que carregava um taco de baseball Louisville Slugger para que o marido ouvisse o que ela tinha a dizer. Se tivesse algum problema, Ruth e seu Louisville não hesitavam em partir para cima de qualquer homem.

A mãe de Emma, Rachel, não tinha uma personalidade tão forte assim. Quando o marido, Maliki, decidiu ir embora de casa, ela sabia que devia deixá-lo ir. Acho que, para a minha mãe, que era pequena, aquilo foi frustrante. A separação dos pais deixou um vazio enorme dentro dela.

Ruth e Rachel criaram as filhas exatamente da mesma maneira. O que uma ganhava a outra também recebia. Elas tinham vestidos sapatos *Polly II* idênticos, bonecas e jogos iguais, e, na árvore de Natal, havia sempre a mesma quantidade de presentes, para que a paz reinasse no lar de Arlene e Emma. Mas elas não eram parecidas. Nem um pouco. Arlene era uma ruiva autêntica, com cabelos cacheados e a pele clara com sardas. Ela parecia uma boneca da Shirley Temple.

Minha mãe em nada se parecia com a Shirley Temple. Ela tinha a pele escura retinta, braços e pernas longas e grandes olhos marrons. Nem todos os parentes a chamavam de Emma. Costumavam chamá-la de "Monk", apelido de "macaca", em inglês. Quando ela me disse isso, eu fiquei furiosa. Eu queria pegar aquele taco de baseball e partir para cima de algumas pessoas. Que ridículo! Como podiam ser tão cruéis com uma criança?

Minha mãe apenas deu de ombros enquanto contava a história. Ela não parecia incomodada com isso, pelo menos não mais. Ela tinha mais características de um monge de verdade. Era perfeitamente capaz de incorporar a regra áurea: trate os outros como gostaria de ser tratado. Ela viveu dessa forma, apesar de tudo que precisou suportar na primeira metade da vida, coisas que podiam tê-la deixado rancorosa. Essa é uma qualidade fantástica.

O pai dela se casou com "a outra", uma moça simpática chamada Margaret, dona de uma sorveteria no Harlem. Eles tiveram uma filha. Quando Emma visitava a meia-irmã, o pai e a madrasta, acho que não se sentia bem-vinda. Ninguém era cruel ou dizia alguma coisa desagradável, mas a atmosfera mudava.

Nos domingos de Páscoa, quando éramos crianças, minha mãe fazia questão de deixar Clyde e eu bem-arrumados e nos levava de ônibus para visitar nosso avô e Margaret no Harlem. A melhor parte do dia era quando nos sentávamos no balcão da sorveteria para tomar um refrigerante de máquina. Meu avô, que adorava fotografia, compartilhava com Clyde seu amor por tirar fotos. Não me lembro de fazer nada especial com ele. Acho que, naquela época, os homens recebiam mais atenção da família. Eu também não me lembro de ficar incomodada com isso, então... por mim, tudo bem.

Mas acho que a minha mãe também se sentia rejeitada por ele. Mesmo após a morte do pai, depois de adulta, ela ainda se sentia deslocada. A família do pai vasculhou os pertences dele e decidiu o que a minha mãe ganharia. Nunca perguntaram o que ela gostaria de receber. Ninguém nunca mais falou conosco até eu me tornar famosa. Quando todos eles apareceram. Mas minha mãe nunca falou mal deles. Ela relevava tudo.

O consolo de minha mãe durante a infância era a avó dela, Emmaline, que adorava cinema. Ela levava a neta, que tinha o mesmo nome dela, para ver os lançamentos do cinema local. Nos primeiros nove anos de vida da minha mãe, o país passava pela Grande Depressão, e o cinema, naquela época, era uma forma acessível de fugir dos problemas. As duas chegavam para assistir à primeira exibição, às nove horas da manhã, e ficavam por lá o dia inteiro, até a hora do jantar. Elas viam Clark Gable em *Sob o céu dos trópicos*; Bette Davis em *Jezebel*; os filmes do Charlie Chaplin, *Núpcias de escândalo*, com Hepburn and Grant, a primeira exibição de todos os filmes da dupla Abbott e Costello, o filme original *Fantasia* e *O mágico de Oz* na grande tela. Minha mãe se tornou fã de Judy Garland. Por causa dos filmes, Emma teve noção de um mundo maior e de tudo o que acontecia fora de sua vida no Harlem. Graças aos filmes, ela passou a se interessar por outros lugares e períodos da história, então pegava livros na biblioteca para aprender sobre tudo. Minha bisavó era a única na família fascinada pelo showbiz, então acho que puxei isso dela.

Como a Ma estava se abrindo, contando a Clyde e a mim sobre seus pais e avós, eu resolvi fazer mais perguntas sobre o nosso pai, Robert Johnson. Mas essa conversa ela não queria ter. Minha mãe pertencia a outra época, em que as crianças só sabiam o que era extremamente necessário sobre os adultos. Então eu não consegui muitas informações sobre o assunto, mas o que eu consegui deduzir foi... minha mãe estava por conta própria para criar nós dois.

Ela não costumava falar sobre o fim do casamento porque eles permaneceram casados até o dia da morte dele, e acho que Ma nunca considerou o casamento um fracasso. Na verdade, meu pai era gay, e isso não deve ter sido fácil.

Pois é, meu pai já teve vários empregos — já vendeu diamantes e passou um tempo trabalhando nos correios. Ele foi criado em uma casa de conservadores cristãos da igreja batista, e sua mãe, Hattie, era uma daquelas senhoras que usavam uniforme de enfermeira nos cultos e reanimavam as pessoas desmaiadas após serem tomadas pelo espírito.

Foi Hattie quem ajudou a minha mãe a arranjar um apartamento no conjunto habitacional recém-construído, porque ela conhecia ou trabalhou para alguém da administração. Eu tento visualizar como eram aqueles prédios quando a minha mãe se mudou do Harlem para o Chelsea. Não consigo imaginar o alívio que deve ter sido encontrar um lugar acessível para morar com a família.

Clyde e eu estávamos cientes de que deveríamos deixar o apartamento sempre bem arrumado. Acho que minha mãe pensava que, se o apartamento ficasse bagunçado, a reputação da minha avó seria afetada ou alguma outra coisa sem sentido.

A maioria das famílias no nosso prédio se esforçava para cuidar dos apartamentos porque, naquela época, as pessoas achavam que quem morava na periferia e era pobre, provavelmente, era sujo. A prefeitura não fazia manutenção dos prédios, mas os moradores faziam o possível para deixar a casa arrumada e evitar os estereótipos. O racismo que vemos nas notícias hoje em dia não é nada que já não exista há muito tempo.

Para o meu pai, com certeza não foi fácil ser gay na década de 1960. (Não é fácil até hoje.) Naqueles tempos, as pessoas podiam ser presas se fossem vistas em bares gays. Acho que ele amava a minha mãe também, mas não podia continuar no casamento e ser fiel a si mesmo. Eu admiro essa decisão, mas ele deixou a minha mãe se virar sozinha como mãe solo. E ainda assim, ela jamais abriu a boca para falar mal dele.

Eu via meu pai esporadicamente. De vez em quando, ele levava Clyde para passarem o fim de semana juntos. Certamente, ele podia fazer mais coisas e conversar bem mais com o filho do que com a filha. Pensando bem, nem meu pai nem minha mãe pediram o divórcio. Eu acho que ele foi o amor da vida da minha mãe. Ela nunca namorou outra pessoa nem mostrou interesse em outro homem, não que eu soubesse.

Quando eu era criança, perguntava: "Ma, você quer ter um namorado?"

Ela respondia: "Você acha que eu preciso de um?"

Eu dizia: "Não, eu não acho que você *precisa* de um namorado, mas você quer um?"

Era aí que eu começava a suar frio porque era criança e não sabia bem *por que* ela deveria querer um namorado. Isso foi bem antes de eu compreender o significado daquelas coisas. Mas eu não conseguia mais nenhuma informação dela e não perguntava mais nada, então nós chegávamos a um impasse. Sem namorados…

Eu me lembro de questionar o seguinte a respeito de meu pai: "Ma, por que ele não gosta de mim?"

Ela respondia: "É claro que ele gosta de você. Mas é o jeito dele. E eu não posso responder essa pergunta. Quando vocês se virem de novo, pergunte a ele."

Minha mãe odiava quando as pessoas não eram francas. Ela achava que todos deveriam responder por si mesmos e se responsabilizar por suas escolhas e suas opiniões. Esse não era um ponto forte do meu pai.

Mesmo assim, pensei em tentar fazer com que ela respondesse a uma pergunta mais pessoal. Foi após a morte de meu pai, em 1993, quando ela não poderia mais me dizer para perguntar a ele.

"Quando e como você soube que ele era gay?"

Ela acendeu um cigarro e respondeu: "Eu nunca parei para pensar nisso."

Nas palavras da minha mãe, isso queria dizer: *Eu sei, mas não vou falar disso. Esta conversa chegou ao fim.*

Em 2007, Harvard Henry Louis Gates, professor na Harvard, fez um programa no canal PBS sobre a minha ancestralidade. Muitas pessoas negras nos Estados Unidos tiveram suas histórias roubadas e não fazem ideia de quem são seus ancestrais. O dr. Gates descobriu que os meus trisavós conseguiram uma propriedade de terra na Flórida por meio da lei dos 40 acres e uma mula. Esses ancestrais, William e Elise, apareceram no departamento de terras agrárias até cada um receber 40 acres e uma mula. Mais de cem mil pessoas negras foram emancipadas após a Guerra Civil, mas somente seis mil conseguiram se tornar proprietários de terra como os meus trisavós. Era algo muito difícil. O Dr. Gates me disse que agora entendia de onde eu tinha herdado o meu DNA destemido. Achei fascinante, mas minha mãe nunca quis conversar sobre isso nem assistir ao programa. Ela não tinha o menor interesse na história de nossa família, mesmo que fosse a de um passado distante. Havia razão para isso, e poucas pessoas sabiam.

Além disso, nenhum parente de um passado distante nem mesmo o de passados mais recentes iriam ajudá-la ou cuidaria de seus filhos. Ela sabia que precisava se virar sozinha.

Por causa do que aconteceu com a minha mãe quando eu tinha nove anos (eu já vou comentar — eu sei que você vai avançar a leitura, mas pode voltar para cá), e por causa de tudo que ela me ensinou quando eu era pequena, aprendi a me virar sozinha também. O que fez a total diferença na minha vida.

Mas tem uma coisa com a qual não consigo me conformar. E por isso a morte da minha mãe foi a experiência mais devastadora da minha vida: ela adorava o meu irmão e eu. Ela foi a pessoa mais extraordinária que já conheci. Alguns meses após a sua morte, eu percebi que ninguém mais no mundo me amaria como ela. Ninguém mais me olharia daquele jeito. Minha mãe e meu irmão foram os meus primeiros amores.

Eu sei que ela ficaria furiosa ao saber que me sinto assim. Ela diria: "Sério? Ninguém mais te ama? Sério. Ah, conta outra."

É, sei que sou amada e que tenho alguns amores incondicionais. Ela tem razão. Eu me esqueci disso. Mas nunca vou me esquecer dela.

# Capítulo Três

Tem uma fotografia minha em preto e branco, que é uma das poucas que eu tenho de quando era bem pequena. Nela, estou sentada na escada de concreto do prédio onde morávamos. Eu devia ter uns dois anos. Estava vestida em um macacão de neve, mas, na foto, não havia neve. Estou sorrindo, mas com um olhar de lado, como quem diz *O que eu faço agora?* Alguém deve ter me posto naquele degrau, porque, com uma roupa tão volumosa, não sei se conseguiria andar sem ajuda. Mas eu tive ajuda. Eu tinha o meu irmão mais velho, Clyde.

Quando nevava em Nova York, nos anos 1950 e 1960, a neve era intensa. Caía por horas e se amontoava, congelando as janelas. Uma nevasca forte mudava a paisagem do bairro inteiro. Os brinquedos do playground ficavam soterrados. Não dava para distinguir onde terminava a calçada e começava a rua. Os limpa-neves não tinham onde descarregar, então a maior parte ficava por ali mesmo. O trânsito cessava completamente.

Aqueles dias com o meu irmão mais velho eram incríveis. Ele levava o trenó para a rua, e nós escorregávamos na Décima Avenida. Clyde me colocava na frente e empurrava o trenó até pegar velocidade.

Depois, pulava para se juntar a mim. Nós ficávamos rindo e gritando, e eu tentava me equilibrar para não cair.

No Chelsea não tem ladeiras, sabe, então a graça era a brincadeira. Provavelmente, não passávamos da metade do quarteirão, mas, para crianças pequenas, era como descer o monte Cervino. Eu deixava o meu irmão exausto. Assim que o trenó parava, eu dizia: "De novo, Clyde. Vamos de novo." Ele pegava a corda, me puxava até o fim da rua e fazíamos tudo de novo.

Mais cedo ou mais tarde, todas as crianças da vizinhança saíam de casa, e nós ficávamos na rua por horas, fazendo guerra de bola de neve ou andando de trenó até nossos rostos congelarem.

Em um dia de nevasca forte na cidade de Nova York, ninguém se importava com quem você era, ou quem você pensava que era. De Wall Street até a Ponte George Washington, tudo ficava paralisado. Ninguém podia ir para lugar algum. Era o maior homogeneizador que existia.

Os conjuntos habitacionais, naquela época, eram um enclave étnico de uma população bem diversa: negros, brancos, chineses, porto-riquenhos, coreanos, mexicanos, italianos e judeus. Era uma enorme mistura desordenada de idiomas e tradições culturais, mas as crianças se adaptavam rápido. Nós conseguíamos nos virar, porque era a única realidade que conhecíamos. Não era necessário entender as palavras ao ouvir uma mãe porto-riquenha brigando com você em espanhol. A bronca era transmitida pelo tom. Sempre havia cinco ou seis mães sentadas nos bancos do playground grande que ficava entre os prédios, prontas para interferir se alguém fizesse algo errado. Era arriscado empurrar alguém ou furar a fila para pular a corda dupla. Ao olhar para cima, víamos os rostos das mães pipocando nas janelas, vigiando as crianças lá embaixo. Não dava para fazer nada escondido. Quando pegávamos o elevador até o nosso andar, nossa mãe já sabia o que tinha acontecido e quando.

No verão, a maioria das crianças saía de casa após o café da manhã e deveria voltar antes do pôr do sol. Se precisássemos de alguma coisa, preferíamos chamar pela janela em vez de perder tempo subindo para pegar em casa.

Quando os caminhões de sorvete Good Humor ou Mister Softee paravam perto do playground, eu gritava para nossa janela no sexto andar: "Ma! Ma! Me dá vinte e cinco centavos?"

Ela embrulhava uma moeda em alguns lenços de papel e jogava pela janela nas cercas vivas próximas ao prédio, para que não caísse na cabeça de ninguém e para que eu pudesse avistar. Às vezes, eu preferia esperar pelo senhor que vendia raspadinha de gelo. Ele girava um bloco de gelo em um cooler e o raspava em um cone de papel. Depois, acrescentava refresco de laranja ou cereja.

Era a única maneira de se refrescar no verão, a não ser que alguns adolescentes abrissem os hidrantes da rua. Nenhum dos apartamentos tinha ar-condicionado. Nem ventilador nós tínhamos. Em um dia úmido de trinta e cinco graus, a sensação dentro de casa era de quarenta e cinco. As paredes de concreto e tijolos absorviam o calor do sol o dia inteiro e, à noite, soltavam o calor dentro dos cômodos como se fossem aquecedores. Envolvíamos o pescoço com panos encharcados em água fria. Era o nosso sistema de refrigeração de alta tecnologia.

À noite, os prédios se abriam como latas de sardinha, e pessoas de todas as idades desciam com cadeiras e mesas dobráveis para se sentarem lá fora, com a esperança de aproveitarem alguma brisa refrescante. Os homens idosos jogavam dominó, e as mulheres jovens jogavam cartas, e eu ficava lá ouvindo todas as conversas e fofocas. Todo mundo passava a maior parte do tempo fora de casa, porque dormir parecia impossível. Ficávamos nos revirando na cama a noite inteira, como hambúrgueres na grelha quente.

Sempre que possível, eu passava o dia com Clyde. Há uma grande diferença entre crianças de seis e doze anos, mas Clyde era tão maneiro que não se deixava levar quando os amigos reclamavam por ele me levar junto.

Eles diziam: "Tem que levar a sua irmã também?"

Clyde respondia: "Eu gosto de levar a Caryn. Se não quiserem ir, tudo bem. Mas a Caryn vai."

Meu irmão me levava para todo canto. Antes que eu fosse capaz de acompanhar seus passos, ele fazia um skate com uma tábua de madeira de 2x4 presa entre dois patins. Depois, apoiava uma caixa em cima da tábua. Ele me colocava na caixa, me puxava, e nós partíamos para a aventura. Aprendi muito sobre como lidar com meninos e sobre como eles pensam.

Eu era a fã número um do Clyde. Não importava o que ele fizesse. Ele era muito bom no softbol. Eu ficava por perto e gritava a plenos pulmões quando era a vez dele de jogar.

Antes de sair, nós pedíamos dinheiro à nossa mãe.

Ela dizia: "Olha, se eu tivesse, daria a vocês. Mas bem ali tem uns trocados." Ela apontava para as garrafas vazias dos refrigerantes Coca-Cola e Hoffman. "Se vocês pegarem as garrafas e devolverem, talvez consigam dinheiro para fazer o que querem."

Nós recolhíamos as garrafas e as levávamos para o depósito de devolução da loja. Com sorte, às vezes, conseguíamos o bastante para comprar hambúrguer e batatas fritas no balcão da Five & Dime. Mas, na maioria das vezes, o dinheiro só dava para comprar alguns doces. A sorte grande era ter o bastante para comprar as balas em barra Bonomo Turkish Taffy. A parte difícil era escolher o sabor. Tinha chocolate, banana, morango e baunilha. Eu levava a minha bala para casa e deixava na geladeira até que ficasse bem gelada na hora de sair para brincar. A ideia era arremessar a bala congelada na calçada. Quando abria a embalagem, a bala estava quebrada em vários pedaços que eu podia dividir. A criança que distribuía doce era sempre popular, pelo menos por alguns minutos.

Algumas vezes, durante o verão, Clyde e eu nos levantávamos, e víamos nossa mãe fazendo sanduíches de presunto temperado com queijo e maionese. Clyde e eu já sabíamos qual era o plano. Nós íamos para Coney Island. Aquilo era o máximo!

Minha mãe adorava Coney Island, e Clyde e eu também. Ela enchia uma caixa térmica de plástico com os sanduíches, batatas chips e às vezes sanduíches de pasta de amendoim com geleia. Depois dava a caixa para Clyde carregar, e caminhávamos até a estação do metrô na Oitava Avenida. O metrô ia pelo subterrâneo por um tempo, até que saíamos para a luz do dia, e chegávamos a um bairro diferente, como se o Brooklyn fosse um outro país. A estação cheirava a pipoca amanteigada, algodão-doce, maresia e suor. Já que havia várias barracas, com inúmeros itens de parque e praia à venda: balões, bolas de praia, boias redondas, brinquedos barulhentos e giratórios, pistolas de água e bonecas de plástico Kewpie amarradas na ponta de longas varas de bambu.

Eu queria muito uma daquelas bonecas com vestidos roxos e cor-de-rosa com plumas e um chapeuzinho de glitter. Eu queria ficar andando pelo parque segurando aquela vara como uma bandeira de vitória.

Minha mãe me interrompia e dizia: "Olha, nós não vamos comprar a boneca hoje. Vamos para o parque, e você vai se divertir. Você não vai precisar de uma Kewpie. Nem vai se lembrar dela depois."

E eu respondia "Tá bom. Tá bom". E ela tinha razão. Cinco minutos depois de entrarmos no parque, eu não pensava mais na boneca, pelo menos até a nossa próxima visita a Coney Island.

Nós passávamos o dia inteiro subindo e descendo o calçadão, nas filas da montanha-russa, do gira-gira e do brinquedo de força centrífuga, com um grande tubo que gira e, em seguida, o chão despenca. Demos boas risadas olhando para as outras pessoas ali, suspensas na parede.

E havia a loja de maçã do amor feita na hora. Eles faziam bem na nossa frente, giravam a maçã em um palito na calda doce e vermelha, deixavam esfriar um pouco e nos entregavam em uma forminha de cupcake. O doce vermelho grudava em todos os meus dentes, mas eu não me importava.

Depois de algumas horas, nós parávamos para comer o almoço que levávamos para economizar para o melhor jantar do mundo: o cachorro-quente do Nathan's. Lá para o fim do dia, cada um de nós recebia um cachorro-quente em um pratinho de papel e batatas fritas onduladas com um garfinho de madeira com duas pontas. Ao pôr do sol, nós comíamos o cachorro-quente e as batatas.

Ao fundo, ouvíamos risadas, o barulho dos brinquedos girando ou se locomovendo, a música do carrossel e dos jogos e sentíamos o cheiro de algodão-doce, cachorro-quente e batata frita. Para mim, era o paraíso. Minha mãe, meu irmão e eu passávamos o dia inteiro em Coney Island, e eu sentia como se fôssemos intocáveis, completamente intocáveis.

Outra tradição de verão era fazer um passeio de barco por toda Manhattan, subindo o rio Hudson, até chegar a Staten Island. Nós subíamos a Estátua da Liberdade até chegar à coroa, onde podíamos olhar para a água e ver Manhattan. Minha mãe nos obrigava a subir os 354 degraus, mesmo que a gente reclamasse. Ela dizia: "Vamos lá. Vai ser bom para vocês."

Foi mesmo bom para mim, mesmo que na época eu não soubesse. Lá do alto, eu pude ter uma visão abrangente do que os seres humanos eram capazes de fazer, todos os arranha-céus e o vasto oceano que circundava a nossa cidade natal.

Quando fiquei um pouco mais velha, Clyde e eu entrávamos em um ônibus com a maioria das crianças do bairro a caminho do acampamento Madison-Felicia em Putnam Valley. A experiência do acampamento era cortesia da organização sem fins lucrativos Fresh Air Fund, que possibilitava às crianças da cidade terem contato com a natureza. Havia várias atividades no acampamento: artesanato, esquentar marshmallows na fogueira, e comer salsichas assadas em cabides de arame em cima de troncos em chamas. Toda noite, nós cantávamos as músicas do acampamento ao redor da fogueira, nos movendo para evitar a fumaça. Foi lá onde eu aprendi a nadar no lago, pular de uma doca e remar um barco. Nós dormíamos em beliches de madeira. Não me lembro de me preocupar com picadas de carrapato ou em usar colete salva-vidas nos barcos. Ninguém passava protetor solar, usava chapéus ou óculos de sol. Nós até talhávamos pedaços de madeira com canivetes, algo que nunca deixariam as crianças de hoje em dia fazerem. A ideia era se divertir. Acho que ninguém foi parar no hospital por causa disso.

Já adulta, quando eu contava às pessoas sobre a minha origem, elas agiam como se eu tivesse sobrevivido a uma infância de dificuldades. Não é assim que eu me recordo. Eu sempre pensei que, contanto que tivesse minha mãe e Clyde, tudo ficaria bem. Nós cuidávamos uns dos outros.

Tenho certeza que Clyde, por ser mais velho, enxergava as coisas de forma diferente. É provável que ele sentisse mais o peso da responsabilidade, sendo o homem da casa. Ele nunca me disse isso, mas eu sabia que sempre existiu um amor especial entre a minha mãe e seu primogênito, um lugar que ninguém mais poderia ocupar. Eu comentei com a minha mãe uma vez, e ela me disse: "Isso não quer dizer que eu não ame você. Eu amo vocês dois da melhor maneira que posso."

Com o tempo, passei a ter mais consciência das dificuldades, mas essa percepção nunca vinha da minha mãe. O lema dela era viver da maneira mais prática possível. O que significava não se deixar afetar pela opinião ou energia das outras pessoas. Na visão dela, a opinião mais importante era aquela que se tem de si mesmo e de como se vive a própria vida.

Ela passou a vida inteira agarrada a essa convicção. Com a idade, eu pude perceber a força que foi necessária para seguir assim.

# Capítulo Quatro

Eu nunca fui de dormir muito. Eu gosto da tranquilidade da noite. Às três da manhã, ninguém espera nada de você. A gente pode fazer o que quiser sem ser incomodado por qualquer telefonema. Não há pressão para socializar com ninguém. Podemos fazer as nossas coisas. E podemos não fazer nada.

Geralmente, eu passo a madrugada acordada, perambulando pela casa com o meu gato, Twilight. Nós dois somos noturnos. Hábito que pode incomodar quem passa a noite na minha casa.

A pessoa diz: "O que você está fazendo? Por que está acordada? Vai dormir."

Sempre falam comigo, nunca com o gato.

Mas eu descanso. Deito na cama, ponho meus fones de ouvido e escuto um bom audiolivro. Às vezes, eu cochilo por algumas horas. Quatro horas de sono é muito para mim.

Quando eu era pequena, minha mãe me mandava dormir em horários apropriados para crianças. Ela lia para mim, ajeitava as minhas cobertas e me dava um beijo de boa noite. Depois de uma ou duas horas, vinha na ponta dos pés para verificar se eu estava dormindo. Eu estava bem acordada, observando, através da janela, as luzes de outras casas ou de qualquer parte visível do céu. Certamente, deixava a minha mãe frustrada.

Ela dizia: "Você não está cansada? Todo mundo precisa dormir."

Eu não parecia precisar de muitas horas de sono. Não sei por quê. Sempre fui assim. A minha imaginação está sempre em ação. Isso nunca mudou. Quando eu era criança, inventava histórias e vozes para os objetos inanimados do meu quarto. Como dormir quando a sua caixa de giz de cera está conversando com os seus tênis? Sabe, não tem por que ficar deitada na cama sozinha quando se pode dar vida aos objetos. Eu ainda faço isso.

Também não sei como a minha mãe conseguia dormir, até hoje. Quando entrei no jardim de infância, ela trabalhava no Hospital Francês, um importante hospital no Chelsea fundado por freiras católicas que fechou na década de 1970.

Ela obteve o diploma em um dos poucos programas do país dispostos a educar mulheres negras interessadas em ingressar na área da enfermagem. Seu objetivo era se tornar enfermeira, o que não era uma opção para mulheres negras. Então ela atuava como técnica de enfermagem na ala pediátrica no turno da noite. Para ela, mãe solteira de duas crianças, era o melhor horário para trabalhar. Ela não tinha dinheiro sobrando para pagar alguém para olhar a gente durante o dia, então confiava que dormiríamos enquanto ela trabalhava. Aos doze anos, Clyde era responsável por nós dois. E lá ia a nossa, mãe, com a roupa de enfermeira: uniforme, meia-calça e sapatos brancos. Nos anos 1960, as enfermeiras negras não podiam usar o cabelo natural. Ela alisava o cabelo com pente quente e depois o prendia debaixo da touca do uniforme. Na maioria das vezes, ela saía às dez da noite e voltava entre seis e meia e sete da manhã, a tempo de preparar a gente para a escola.

Quando Clyde chegou à adolescência, começaram a falar pelo bairro que a nossa casa não tinha supervisão à noite. Então todos os adolescentes iam para lá festejar e dançar. Eles saíam escondidos de casa à meia-noite e iam para o nosso apartamento. A música rolava solta: Temptations, the Supremes, Smokey Robinson and the Miracles e James Brown. Eu aprendia todas as danças da época com o meu irmão e os amigos às duas da manhã.

Até que um deles me via observando quieta e dizia: "Volta para a cama."

Eu tentava ficar. "Posso pegar umas batatas?"

"Não! Vai dormir!"

Perto das quatro da manhã, o pessoal ia para casa, e Clyde jogava o lixo fora e dormia por algumas horas antes de a nossa mãe chegar.

Eu nunca dedurei meu irmão, mas alguém dedurou. Com certeza, os vizinhos dos apartamentos de cima, de baixo e ao lado não ficavam contentes ao ouvir, à meia-noite, "It's a Man's Man's Man's World", de James Brown, soando alto de um apartamento cheio com apenas adolescentes. Certamente, Ma já sabia o que estava acontecendo antes do vizinho reclamar. Quando vinte pessoas fumam em um apartamento fechado por quatro horas, o cheiro fica. Adolescentes são burros.

Além de precisar manter nas rédeas um adolescente em fase de crescimento, minha mãe tinha que lidar comigo, acordada de madrugada. Ela só devia conseguir dormir umas duas horas pela manhã. Na minha escola católica, íamos almoçar em casa todo dia, então acho que ela não conseguia descansar muito.

Não só eu não dormia como eu também não comia. Eu tinha um gosto bem variado para doces, exceto alcaçuz preto (quem é que acha esse negócio gostoso?) e um paladar limitado para comida de verdade. No café da manhã, eu comia cereal sem leite. Eu gostava de simplificar as coisas. Ainda gosto. Não gosto de nada pegajoso, mole, molhado ou escondido em algum molho ou caldo.

Os ovos, não importa como sejam preparados, se encaixam em várias dessas descrições. Assim que a casca quebrava na borda da frigideira, eu saía da cozinha. Aquele gel grudento e transparente e a gema amarela gosmenta nunca poderiam ser transformados em algo que eu comeria. Só o cheiro deles durante o preparo já me deixava enjoada.

Um dia, minha mãe decidiu expandir meus horizontes gastronômicos. Eu estava na segunda série e me sentei à mesa do café da manhã, usando meu uniforme escolar, saia xadrez e blusa social branca, pronta para sair. No meu prato, tinham ovos mexidos.

Eu olhei para a minha mãe como se ela estivesse brincando comigo. Ela não estava.

Ela disse: "Caryn, você não pode decidir que não gosta de uma coisa que nunca provou."

É, provavelmente seria uma forma de pensar prática e sensata, principalmente levando em conta que Clyde comia tudo e qualquer coisa que ela colocava no prato dele.

Eu não respondi. Achei que ela entenderia meu ponto de vista se eu oferecesse resistência. Então eu fiquei sentada ali, sem tocar nos ovos.

Ela não me ofereceu outra coisa para comer, então, depois de uns vinte minutos, me mandou para a escola.

Eu não queria chegar a esse impasse, mas agora ela entenderia de vez que eu não ia comer ovos. Pelo visto, minha mãe tinha decidido insistir no assunto porque, quando cheguei em casa para o almoço, os ovos mexidos ainda estavam me esperando na mesa.

Fiquei incrédula. Até ela me dizer que eu não comeria mais nada até que, pelo menos, provasse os ovos.

"É importante que você experimente coisas novas", ela me disse, não de um jeito severo, mas firme. "Vai fazer bem para você."

Se eu conseguisse, teria comido, só para deixá-la feliz. Mas aquela porcaria parecia lavagem de porco. Eu que não ia comer aquilo. Sem chance. Eu não ia ceder. Esperei até chegar a hora de voltar para a escola.

Como em um filme de terror, quando você acredita que o monstro morreu de vez, os ovos sobreviveram e ainda estavam no meu prato quando eu voltei da escola. O prato parecia mais cheio, como se a comida tivesse se multiplicado. Provavelmente, minha mãe tinha feito outros ovos, para prevenir botulismo. Não tinha lanche algum para eu comer. E não sabia quanto tempo mais minha mãe restringiria a comida, mas eu resistiria mais tempo do que ela. Não ia comer ovos aos setes anos, nem aos vinte e sete nem aos quarenta e sete. Até hoje, aos sessenta e sete anos, eu nunca comi um ovo.

Ela não me ofereceu mais nada para comer, mas eu estava tranquila porque tinha alguns doces no quarto. Que criança não preferiria comer doce em vez do jantar?

Na manhã seguinte, nada foi dito, mas tudo estava de volta ao normal: cereal puro e um copo de suco de laranja.

Eu aprendi uma importante lição com a minha mãe nesse dia, principalmente quando me tornei mãe. Às vezes, nós temos que deixar as crianças tomarem as próprias decisões. Temos que acreditar que eles sabem o que estão fazendo. Se eles não querem mesmo fazer alguma coisa e nenhum incentivo pode fazê-los mudar de ideia, é melhor desistir.

Minha mãe era esperta o bastante para perceber que eu jamais comeria ovos.

Depois de algum tempo, ela tentou várias táticas para me fazer experimentar comidas diferentes. Se houvesse diante de mim algum prato que não se encaixasse ao meu paladar limitado, ela dizia: "É melhor você comer essa comida ou eu vou precisar mandar para as crianças na Etiópia, que vão adorar comer porque estão passando fome."

Aos oito anos, eu já sabia que aquilo nunca aconteceria. Eu não falava nada, mas pensava: *Como você vai mandar isso? Em um pote? Tem algum lugar para você guardar e depois vão enviar para a Etiópia? Quanto tempo vai demorar para chegar lá?*

Depois de vários anos, ela estava assistindo a uma apresentação minha na Broadway, e eu contei a história de quando ela me disse que eu não sobreviveria a uma catástrofe porque tinha seletividade alimentar. Eu apontei para ela, na plateia. "É, minha mãe está bem aqui na frente."

Então eu disse a ela: "Sabia que, se algum acidente nuclear acontecesse nos anos 1960, os prejudicados seriam você e Clyde? Eu ficaria bem porque não teria que comer."

Ela riu tanto que lágrimas rolaram por seu rosto. E, quando eu a vi após a apresentação, ela me perguntou: "Demorou quanto tempo para você perceber isso?"

Mas ela fez o que pôde para me incentivar a comer melhor. Certamente, minha mãe gostaria que eu ousasse mais, mas isso não aconteceu. Nem naquela época nem agora. A filha dela era peculiar em vários aspectos.

Minha mãe gostava de expandir os horizontes e mostrar para nós o máximo que podia do mundo. A educação era muito importante. Desde a infância, ela tinha curiosidade por vários assuntos diferentes e adorava aprender. Ela se interessava por história antiga, música, literatura, arte e escrita criativa.

Nós tínhamos em casa a coleção dos livros de História da Civilização, de Will e Ariel Durant, e, a cada dois meses, recebíamos um novo livro Time Life. Se eu perguntasse o porquê de alguma coisa enquanto assistíamos a um filme, ela respondia: "Tem um livro ali na estante que vai te dar mais informações sobre o que aconteceu."

Se eu demonstrasse interesse em qualquer coisa, ela me encorajava dizendo: "Você pode multiplicar o pouco conhecimento que tem de um assunto e transformá-lo em algo muito maior."

Sempre que minha mãe queria saber sobre algum assunto, ela pegava livros na biblioteca e estudava. Às vezes, nós três íamos à enorme Biblioteca Pública de Nova York na rua 42 com a Quinta Avenida, em frente ao Bryant Park. A gente caminhava pelos corredores e visitava várias salas, principalmente a sala de leitura Rose, com nuvens pintadas no teto de treze metros de altura. Tenho certeza de que se minha mãe não tivesse que tomar conta da gente, passaria grande parte do tempo naquela sala de leitura, cercada de cinquenta mil livros.

Ela sabia falar de assuntos variados. E era engraçada também. Minha mãe poderia ter participado dos almoços da Algonquin Round Table que aconteciam nos anos 1920, quando escritores como Robert Benchley, Dorothy Parker e George S. Kaufman se reuniam todos os dias para jogar conversa fora sobre qualquer assunto. Ela se sentava para escrever quando podia, mas depois deixava tudo de lado.

Quando eu já estava mais velha, pensava na minha mãe como uma espécie não descoberta de George Sand, a romancista do século XIX que publicava sob um pseudônimo masculino para conseguir escrever o que quisesse. Minha mãe tinha uma mente brilhante, mas nunca teve a oportunidade de expressar esse potencial. Eu sei que, já mais velha, ela enviou alguns escritos para revistas. Como ela me contou: "Tenho vários envelopes de rejeição." Muitas mulheres do nosso conjunto habitacional se mantinham distantes de minha mãe e a tratavam com frieza. Elas não compartilhavam dos interesses dela em ópera, arte e história romana. E, como a minha mãe não gostava de falar mal dos outros, ela não se juntava ao grupo das fofoqueiras sentado lá fora. Elas não sabiam por que o marido tinha decidido abandoná-la e tinham a leve suspeita de que ela fosse tentar roubar o delas.

Minha mãe só ignorava. Ela dizia: "Eu já tenho dois filhos. Para que vou querer o marido dela e os quatro filhos dele?"

Nos anos 1960, o cenário de arte de Nova York explodia com os movimentos de arte moderna e pop art. Com conceitos radicais, esses movimentos ultrapassavam os limites do que era considerado arte. Nós íamos ao MOMA para ver as novidades. Lá, vimos a lata de sopa de tomate de Andy Warhol e a arte gráfica de Roy Lichtenstein, que eu curti, porque adorava histórias em quadrinhos. Cada um de nós tinha seus artistas favoritos. O meu era Maxfield Parrish. Até hoje é.

Todos ano, Ma nos levava para ver apresentações de patinação no gelo no Madison Square Garden, e eu adorava. Os figurinos eram extraordinários, e grandes peças de cenários eram deslizadas sobre o gelo. Também víamos os circos Ringling Bros. e Barnum & Bailey quando passavam por Nova York.

Eu sabia que não podia pedir à Ma para comprar muitas coisas dos vendedores ambulantes, como algodão-doce ou amendoim com casca, mas ela quase sempre comprava um catálogo do espetáculo, que eu passava a noite contemplando quando não estava dormindo.

Como eu passava a noite acordada fazendo as vozes de uma caixa de giz de cera, fones de ouvido, cordas e tênis, minha mãe achou que eu gostaria de assistir a uma peça de fantoches. Havia um casal, Bil e Cora Baird, que produziam fantoches e marionetes e se apresentava em seu próprio teatro no Village. Eu fiquei encantada com tudo aquilo. A cada dois meses, eles montavam uma nova peça, e minha mãe me levava para assistirmos juntas. Eu conseguia me sentir um pouco menos esquisita vendo dois adultos que fizeram uma carreira dando vozes e movimentos a objetos de madeira.

Ela também conseguiu arrumar um jeito para que nós três fôssemos ao Radio City Music Hall para ver o show das Rockettes. Na década de 1960, após o show, as cortinas se abriam, e aparecia um telão de cinema. Nós vimos *A conquista do oeste*, um dos primeiros filmes ao estilo cinerama. Acho que foi como também vimos *A noviça rebelde* (com os fantoches de Bil e Cora Baird na canção "The Lonely Goatherd", quando as crianças fazem uma apresentação para o pai e a condessa). Também vimos *Camelot* assim que estreou.

Antes de o filme começar, eu ficava lá imaginando que um dia eu me tornaria uma Rockette. Parecia possível de algum modo, mesmo que, naquela fileira de trinta e cinco mulheres, nenhuma se parecesse comigo. Elas se pareciam, mas nenhuma era igual a mim. (Só em

1987 uma criança negra veria uma Rockette que se parecesse com ela. A organização do espetáculo tem se esforçado para mudar o quadro nas últimas décadas, e eu acho ótimo. Toda criança deveria ver uma dançarina com um tom de pele próximo ao seu.)

Nosso espetáculo favorito das Rockettes era sempre o Christmas Spectacular, o especial de natal. Minha mãe também gostava de fazer o nosso próprio especial de natal em casa. Como tudo o mais que ela conseguia fazer, era tudo um mistério para mim. Como num passe de mágica, minha mãe fazia as coisas aparecerem.

Começava quando a loja principal da Macy's, a filial da Herald Square, na rua 34, decorava as janelas para as festas de fim de ano. Em cada janela, havia um tema ou uma história diferente. Nós caminhávamos pelo edifício e depois andávamos um quarteirão, até a loja Gimbels, para verificar se a decoração era parecida com a da Macy's.

Uns cinco dias depois, quando nos levantávamos para ir à escola, havia uma árvore-de-natal recém-cortada em um suporte de metal vermelho na sala de estar. Antes de chegar à sala, eu já sabia que a árvore estava lá, pelo cheiro de pinheiro que se alastrava pelo corredor. A gente não tinha ideia de como a nossa mãe conseguia levar a árvore para casa e colocá-la no suporte, mas, se eu perguntasse, ela me olharia bem séria e diria: "Como você acha que a árvore foi parar ali?"

A surpresa seguinte acontecia quando, em determinada manhã, ao chegarmos para tomar o café, as janelas estavam cobertas com uma tinta semelhante à neve, com figuras em estêncil de Papai Noel, elfos, a rena Rudolph, trenó, bonecos de neve e árvores-de-natal.

No último dia de aula antes da semana do natal, a gente chegava em casa e, ao lado da árvore, tinham caixas com as luzes e os enfeites de Natal. Nosso apartamento era muito pequeno, por isso nunca fiquei sabendo onde as caixas eram guardadas durante o restante do ano.

Eu perguntava a minha mãe sobre elas, e Ma respondia: "Não entendo por que está perguntando isso. As caixas vieram do lugar de onde elas são."

Minha mãe estava determinada a manter o natal o mais mágico possível para nós.

Nessas noites, nós tocávamos os álbuns de natal de Bing Crosby e Nat King Cole enquanto decorávamos a árvore. Nós ríamos, dançávamos, jogando o festão prateado lá no alto da árvore. Depois, nossa mãe acendia as luzes decorativas, nas cores vermelha, verde, amarela e laranja, e as luzes da casa eram apagadas para que pudéssemos olhar a nossa árvore decorada.

Depois desse dia, eu olhava debaixo da árvore todos os dias à procura dos presentes, mas eles nunca estavam lá. Se a minha mãe não estivesse em casa, eu fazia uma busca minuciosa para achar os presentes escondidos. Nada. O único item embrulhado debaixo da árvore antes do natal era o presente que Clyde e eu comprávamos para Ma. Nós passávamos um ou dois meses juntando o dinheiro das garrafas de refrigerante para comprar sais de banho da Jean Nate ou um colar. Também embrulhávamos algum artesanato que fazíamos nos programas do parque da cidade. Ela sempre fingia que queria muito ganhar aqueles presentes.

Na véspera de natal, eu lembro que Walter Cronkite se despedia do noticiário dizendo algo do tipo: "Neste momento, não existem guerras ou conflitos em lugar nenhum. Há paz no mundo inteiro. Nós desejamos a todos um natal muito feliz." Nesse momento, eu sentia que tudo ficaria bem — que pelos próximos dois dias, todo mundo estaria seguro. Depois, colocávamos no canal local (wpix), que transmitia a queima contínua da Tora de Yule na lareira e tocava música natalina.

Às oito da noite, Ma retirava o peru descongelado da geladeira e o preparava para assar. Ela removia a bolsa com os miúdos e lavava a cavidade. (Eu deveria ter prestado mais atenção a essa parte porque, já adulta, acabei deixando essa bolsa dentro do peru uma vez. Um erro tremendo.) Ela apoiava o peru em um suporte para preenchê-lo com o recheio clássico da Pepperidge Farm que ela já tinha temperado. Primeiro, ela untava a cavidade com um pedaço de manteiga e depois inseria o recheio. Assim que o peru era posto na assadeira, a parte externa era perfurada com uma faca para o molho do tempero, feito com dez fatias de manteiga, um copo de água, sal e pimenta, penetrasse na carne e escorresse durante o cozimento.

Às nove, minha mãe colocava o peru no forno de 130 graus, e provavelmente passava a noite regando, de hora em hora.

Eu tinha decidido ficar acordada para assistir a versão original britânica do filme *Contos de natal*, com Alastair Sim, que geralmente passava às onze e meia da noite. Clyde e eu ficávamos lá, com olheiras de sono e olhos bem abertos. Eu dava tudo de mim para conseguir ver o pequeno Tim dizer "Que Deus abençoe a todos", mas geralmente dormia quando o Fantasma do Natal Futuro aparecia. Clyde me levava para a cama, mas em algum momento no meio da noite, ele sacudia o meu ombro sussurrando: "Vem, vamos para a sala."

Nós saíamos do meu quarto na ponta dos pés e íamos à sala para espiar. Não dava para chegar muito perto porque a nossa mãe estava dormindo no sofá. A árvore piscava no escuro, e debaixo e ao redor dela haviam vários presentes embrulhados. Alguns deles, como bicicletas novas, tinham apenas um laço. Em certo natal, havia um trenzinho da Lionel se movendo ao redor da árvore. Era tudo muito incrível, e ficávamos ainda mais impressionados porque tudo aquilo acontecia nas poucas horas que dormimos. Nós tínhamos que voltar para a cama porque Ma não nos deixava abrir os presentes antes do café da manhã.

Na manhã seguinte, deixávamos nossos quartos sentindo o aroma do peru assado, da farofa e do pinheiro natural de natal. Passávamos horas desembrulhando os presentes. Havia jogos de tabuleiro como Parcheesi e Sorry!, um projetor mágico dos Flintstones, que eu adorava, uma boneca que falava, a Chatty Cathy, e a Tressy, cujo cabelo podia crescer até a cintura ao apertar um botão na barriga dela. Teve um ano em que o meu presente favorito foi uma máquina do Frosty que fazia raspadinhas de gelo. Tínhamos que colocar cubos de gelo no chapéu dele e girar a manivela detrás para fazer as raspadinhas.

O brinquedo vinha com cones de papel e umas garrafinhas para os diferentes sabores. Nem todos presentes me deixavam animada, como botas de neve e vestido, mas não gostar de um só presente entre quinze não era tão ruim assim.

Mais tarde, nos empanturrávamos de peru, arroz e farofa. Eu deixava os legumes e o molho de cranberry para Clyde e a minha mãe. Tudo o que eu queria era que ficássemos os três juntos, e o natal, para mim, era isso.

A árvore-de-natal ficava em casa até janeiro. Até que, um dia, ao voltarmos da escola, ela não estava mais lá, tinha desaparecido, como mágica. Eu ficava ainda mais determinada a encontrar as caixas com as decorações, mas isso nunca aconteceu. Eu não conseguia sequer achar um pedaço perdido do festão, por mais que procurasse.

O mistério de como minha mãe conseguia fazer tudo isso acontecer permanece um enigma. Mesmo depois que cresci, ela nunca me contou como conseguia comprar tantos presentes para nós. Acho que ela começava a comprar em fevereiro. E eu nunca descobri onde ela os deixava escondidos até a meia-noite da véspera de natal ou onde guardava as decorações em janeiro.

Uma vez, já adultos, Clyde e eu estávamos conversando com nossa mãe sobre o próximo natal. Eu sabia que não podia fazer uma pergunta direta para Ma. Então tentei perguntar indiretamente.

"Eu estava pensando nos natais da nossa infância. Onde você guardava as coisas, sabe, a decoração e os presentes de natal?"

Ela olhou para Clyde e depois para mim, como se eu estivesse falando outro idioma. "O que quer dizer? Não entendo por que você está me perguntando isso."

Eu comecei a me sentir estúpida, pensando: *Sério? Eu não estou perguntando da maneira certa?*

"Ma, o apartamento era muito pequeno. E você comprava um monte de coisa. Onde colocava tudo?"

Ela respondia: "Bom, de onde você acha que veio?"

Até hoje, eu não tenho ideia de como ela fazia aquilo. Ela nunca cedia. "Por que você precisa saber disso? Por que não posso dizer que o Papai Noel levava tudo? Por que isso não basta para você?"

Ela nunca revelou seus segredos. Apenas sorria, olhava para mim de esguelha e dizia: "Pelo que eu sei, foi em um passe de mágica."

Fosse o que fosse, mantive as tradições da Ma. Em dezembro, eu sempre compro um pinheiro novo e asso um peru durante a madrugada para sentir que é natal.

Eu nem me importo de regar o peru de hora em hora a noite inteira porque, sabe, eu não sou muito de dormir.

# Capítulo Cinco

Ir ao Queens já seria uma nova aventura, mas Ma, Clyde e eu, tínhamos um destino específico. E era enorme: a Feira Mundial de 1964. Por quilômetros, havia pavilhões com diferentes estilos de arquitetura que representavam vários países. Havia tendas de comida e restaurantes com pratos que eu nunca tinha visto ninguém comer. Ficamos impressionados com as centenas de exposições. Nós passamos pelas gigantescas esculturas de dinossauros na Dinolândia e a grande esfera Unisphere, que representava o globo terrestre; o brinquedo "It's a Small World", da Disney, estava lá; um monotrilho elevado nos levava de uma ponta da feira a outra, e de lá, víamos milhares de pessoas lá embaixo.

O pavilhão da companhia de telefone Bell demonstrava protótipos do Picturephone (como se fosse um FaceTime em uma televisão, quarenta e seis anos antes que o público tivesse acesso). Dava para digitar um número e falar com alguém em um lugar completamente diferente, vendo seu rosto. Parecia mágica. Como uma pequena fã de ficção científica, eu também adorei a exposição Futurama II, que representava a vida nos Estados Unidos em 2064, com pessoas se movendo no espaço usando mochilas a jato. Acho que meus bisnetos vão poder verificar essas teorias do futuro.

Acho bom não podermos prever o futuro. Mesmo naquela época, quando eu era criança, não fazia ideia de como meu futuro e meu mundo mudariam tão drasticamente pelos próximos anos.

Certa tarde, quando cheguei da escola, encontrei minha mãe de pé no corredor, olhando para o armário de casacos. Seu cabelo estava todo arrepiado e bagunçado. Eu não conseguia ver o rosto dela, mas sabia que havia alguma coisa errada. Ela nunca deixaria o cabelo daquela forma. Estava descalça e usava um casaco preto por cima de uma camisola branca. Sussurrava coisas sem sentido para si mesma, nem parecia notar que eu estava no local. Depois, ela se virou e olhou na direção dos quartos. Eu não sabia o que fazer. Clyde não estava em casa, e eu sabia que não podia deixá-la assim. Vi quando ela foi até o forno, o acendeu, abriu a porta dele e pôs a cabeça lá dentro.

Eu já tinha idade suficiente para perceber que aquilo não era nada bom. Corri até ela, agarrei sua cintura e a puxei de lá.

"Ma! Mamãe, o que está fazendo?"

Ela ficou ajoelhada no chão, murmurando algumas palavras. Eu estendi a mão e desliguei o forno.

"Mamãe, você está bem?"

Então, ela disse, lúcida: "Vá chamar a srta. Viola."

A srta. Viola era uma vizinha da qual minha mãe gostava, que morava no andar de baixo.

Eu desci correndo pelas escadas e bati à porta dela. Ela parecia aborrecida por eu interromper o que ela estava fazendo. Eu não conseguia formular as palavras para pedir ajuda. Não sabia explicar o que estava acontecendo. Fiquei ali na porta, gesticulando para ela me acompanhar.

"O que foi? O que aconteceu?", ela me perguntou umas três vezes.

Por fim, eu consegui dizer: "Tem alguma coisa errada com a minha mamãe."

A srta. Viola subiu as escadas comigo, e nós entramos no apartamento. Parada no corredor, eu observei enquanto ela se abaixava para falar com a minha mãe. Ma murmurava palavras sem sentido. Eu vi a srta. Viola conversar com Ma e ajudá-la a sentar-se em uma cadeira. Ela foi até o telefone da parede e fez uma ligação.

Os paramédicos chegaram com uma maca. Eles estavam tirando minha mãe da cadeira quando Clyde chegou da escola. Ele entrou em pânico.

"O que é isso? O que aconteceu com a Ma?"

Eu respondi: "Eu não sei. Ela já estava assim quando eu cheguei. Não fica bravo comigo."

Foi então que Clyde começou a se desesperar e se exaltar com os paramédicos, tentando afastá-los da nossa mãe.

"Não toquem nela. Parem! Deixem ela em paz."

Eles não iam dar ouvidos a uma criança, e minha mãe parecia não notar Clyde também.

Quando eles a levaram para o elevador, eu entrei junto. Já havia gente lá dentro, e eu fiquei brava, na defensiva. Fiquei pensando *Não olha para a minha mãe. Cuida da sua vida.*

Mas, no nosso prédio, isso seria impossível. Quando eles saíram do portão com a maca e entraram na ambulância, os vizinhos de todos os andares estavam olhando da janela.

Eu tentei subir na ambulância com a minha mãe, mas o motorista não deixou.

"Eu quero ir com ela. Me deixa ir com ela."

A srta. Viola me puxou de volta. "Você não pode ir. Crianças não podem ir para o hospital."

Nesse momento, Clyde já tinha descido também e estava ao meu lado, na calçada, quando a ambulância ligou a sirene e levou embora a nossa mãe.

Eu não sabia o que fazer. *Voltar para casa? O que ia acontecer?*

Clyde pegou no meu ombro e me conduziu ao portão. "Vem, vamos lá."

Fomos de elevador até o nosso andar e entramos em casa. Eu fiquei em pé, na sala, sem entender a situação.

"Clyde, o que nós vamos fazer agora?"

Lembro que Clyde ligou para o nosso pai e o nosso avô, pai da Ma.

"Vai dar tudo certo. Vai ficar tudo bem." Clyde me disse. Eu sabia, pela voz dele, que não acreditava no que dizia.

Nada ficou bem. Eu fiquei dois anos sem ver a minha mãe.

Ninguém me explicou o que aconteceu. Eu só sabia que ela estava no hospital e que crianças não podiam ir até lá.

Bem depois, eu soube que a minha mãe tinha sido internada no Hospital Bellevue porque teve um colapso mental.

Fazia meses que ela agia de forma diferente, com se quisesse ficar sozinha, sem se preocupar comigo e com Clyde. Uma noite, eu acordei e vi minha mãe parada do meu lado, me observando sem dizer nada. Eu perguntei o que estava acontecendo. Ela não respondeu, apenas saiu do quarto. Anos depois, Clyde me disse que a encontrou com uma tesoura, agindo de forma suspeita. Ele tirou a tesoura das mãos dela.

Também tinha percebido que ela balançava a cabeça de um lado para o outro enquanto falava comigo. Eu perguntava: "Por que está balançando a cabeça?"

Ela me afastava e dizia: "Não estou balançando."

Eu não insistia.

Minha mãe nunca falava sobre seus sentimentos. Em uma postura de autossuficiência, ela guardava tudo para si. Se algum adulto tinha previsto o colapso mental da minha mãe, eu jamais soube. Ela nunca reclamava da solidão ou da tristeza, não demonstrava qualquer preocupação. A geração dela era assim. Eles não falavam dos próprios sentimentos. A palavra *estresse* não existia no vocabulário deles. Era parte da vida. Todo mundo estava tentando sobreviver. Acho que eles pensavam que os sentimentos de vulnerabilidade deveriam ser mantidos privados... até mesmo do restante da família.

Minha mãe resolvia os problemas sozinha porque era o que precisava fazer. Ela não tinha quem a ajudasse e nunca se sentia confortável pedindo favores. Na única vez em que pediu um pouco de ajuda à minha avó, mãe do meu pai, ela foi tratada de forma hostil. Naquela época, as leis de pensão alimentícia não existiam. As mulheres não conseguiam um empréstimo se não tivessem um marido como fiador nem mesmo um cartão de crédito apenas com seu nome.

Durante a internação de minha mãe, senti como se um Band-Aid tivesse sido arrancado, como se de repente eu tivesse que enfrentar o mundo real. Eu tenho poucas memórias daqueles dois anos sem ela, talvez porque ninguém falasse comigo sobre a situação ou tivesse me contado o que estava acontecendo de fato. Lembro vagamente que Arlene, prima da minha mãe, ficou com a gente, e alguns primos vinham visitar de vez em quando, assim como nosso pai, que aparecia às vezes. Mas não tinha como eles substituírem a minha mãe. Depois da escola, eu usava a minha chave para entrar e ficava esperando Clyde chegar. Não faço ideia de quem pagava o aluguel, do que nós comíamos no jantar, de quem lavava as roupas ou atendia qualquer necessidade nossa. De algum modo, tudo era providenciado, mas eu não sei como nem quando. Não tenho lembrança de nenhuma data especial sem a minha mãe. Não me lembro de frequentar a escola e passar de ano, sei apenas que aconteceu. Ninguém me perguntava sobre ela. Ninguém me disse que tudo ficaria bem ou que eu veria a minha mãe de novo. Eu pensava todos os dias: *Não peça por nada. Seja boazinha. Não arranje problemas. Fique na sua. Contanto que seu irmão esteja aqui, você vai ficar bem.*

Eu sentia que precisava ser autossuficiente e que ficar separada da minha mãe por causa dos adultos era uma idiotice. Não contava nada a nenhum deles. Eu não ia falar com meu pai sobre o meu dia na escola, ele nunca pareceu se importar com isso. Sabia que Clyde e eu ficaríamos melhor sem qualquer um deles ali. Mas eu não tinha escolha. Provavelmente, é dessa maneira que todas as crianças que não se sentem seguras lidam com o trauma, mas aprendi com a necessidade que eu precisava saber me virar sozinha e esperava que nada acontecesse com o meu irmão. Eu sabia que ele nunca deixaria nada acontecer comigo, e eu nunca deixaria nada acontecer com ele se pudesse evitar.

Algumas vezes, naqueles dois anos, eu perguntei ao Clyde: "Você acha que a Ma vai voltar algum dia?"

Ele respondeu: "É claro que vai. Por que não voltaria? Nós somos os filhos dela."

"É, você tem razão. Nós somos os filhos dela. Ela vai voltar."

Eu tentava concordar com ele, tentava acreditar que meu irmão tinha uma resposta. Talvez ele tivesse mais informações sobre o estado de nossa mãe, mas eu duvido. Se ele soube, nunca me contou.

Depois da escola e aos sábados de manhã, eu ficava assistindo aos desenhos animados. Minha mãe adorava ver também, por causa dos clássicos com o Gato Félix, o palhaço Koko e Betty Boop com Minnie the Moocher. Eu gostava de ver os desenhos Rocky and Bullwinkle, Dom Pixote, Super Mouse, Popeye, os Flintstones, a turma do Pernalonga e o Papa-léguas.

Eu colecionava gibis e comprava alguns novos, se ganhasse algum trocado. Eu li Archie e Jughead, Xuxuquinha e Marciano, Riquinho, Tom e Jerry, Luísa, a Boa Bruxinha e Gasparzinho, o Fantasminha Camarada.

Até que, um dia, quando chegamos da escola, nosso pai e nosso avô estavam nos esperando na porta de casa. Nosso avô disse: "Olhem, a sua mãe voltou para casa."

Clyde e eu corremos para vê-la, gritando: "Ma! Ma!"

Ela nos abraçou, mas parecia não ter muita certeza do que estava acontecendo.

Pensei que ela não quisesse muito contato físico porque tinha passado tempo demais no hospital. Mas, semanas depois, ela ainda não retribuía os nossos abraços. Ela olhava para mim como se tentasse entender o que eu queria e o que ela deveria fazer para mim e Clyde.

A melhor maneira de descrever como ela estava diferente é o filme de terror *Vampiros de Almas*, de 1956, quando uma jovem diz algo como "Ele tem a aparência e a voz do tio Ira, mas não é ele." A moça na nossa sala de estar tinha a aparência e a voz da nossa mãe. Mas não era ela.

Eu não podia falar com ninguém sobre isso. Tentei dizer a Clyde. Pude perceber que ele estava incomodado com isso também.

Ele me respondeu: "Mas você sabe que é a Ma. Esquece isso."

Então eu respondi: "Ela está diferente."

Ele rebateu: "É, ela estava internada."

Ela nunca saía de casa sozinha. Ficava lá até Clyde e eu voltarmos da escola.

Depois de alguns dias, Clyde perguntava a ela: "Quando nós vamos ao mercado? Não é melhor irmos logo?"

Tudo o que a minha mãe sempre tinha feito sozinha agora demandava de um esforço coletivo, mas eu não me importava. Adorava ir ao mercado e olhar as coisas. O mercado mais próximo era o Daitch Shopwell, com as maravilhosas funcionárias idosas, que usavam redes no cabelo e passavam as compras no caixa com cigarros pendurados na boca. Elas sabiam digitar o preço de tudo sem olhar a etiqueta porque trabalhavam lá havia muito tempo.

Elas acenavam para a nossa mãe, que as cumprimentava também, sem parecer saber quem elas eram ou por que estavam acenando para ela.

Nós passávamos pelos corredores, pegando os itens de que precisávamos e às vezes o que não precisávamos também. Clyde e eu dávamos sorrisinhos de esguelha porque a nossa mãe agora nos deixava pegar coisas que antes não podíamos. Adorávamos os salgadinhos de queijo Cheez Doodles e os Yodels (um rocambole coberto de chocolate). Ela gostava de comer também.

Minha mãe comprava legumes e os cozinhava no vapor para o jantar. Não comíamos muita carne, mas às vezes nós a acompanhávamos à peixaria na Nona Avenida, que pertencia à família da minha amiga Kathleen DiMartino, e comprávamos peixe para o jantar.

Pouco a pouco, ela restabeleceu as rotinas que eram parte de sua vida antes da internação. Após visitar algum lugar comigo e com Clyde algumas vezes, ela se lembrava de que poderia procurar Dan Bell na esquina quando precisava comprar a crédito. Ela aprendeu onde comprar os cigarros.

Por mais que eu quisesse muito que minha mãe voltasse para casa, as coisas estavam diferentes. Ela não voltou a trabalhar no Hospital Francês. Demorou um longo tempo até que ela se sentisse confiante o suficiente para sair de casa sozinha, e nenhum adulto nos explicou o motivo. Todos eles agiam como se tudo tivesse voltado ao normal. Além disso, ninguém nunca nos fez pensar que o colapso mental da nossa mãe tinha sido nossa culpa. Por isso, Clyde e eu nunca nos sentimos culpados pelo que aconteceu com ela.

Não soubemos, naquela época, por que ela estava tão diferente, mas chegamos à conclusão de que as pessoas ficam mais distantes após um longo período de hospitalização. Talvez fiquem irritadas com as pessoas incomodando o tempo inteiro. Eu cheguei a me perguntar se eu me lembrava de como ela era antes de tudo acontecer. Talvez ela não fosse muito de abraçar antes e eu tivesse criado essa lembrança.

Quando eu era bem pequena, sabia que existia um tamanho certo e uma idade apropriada para deitar no colo das pessoas. Após essa idade, não era comum ter tanto contato físico. Os adultos esperavam que nós fôssemos mais contidos, sem precisar de tantos toques físicos e abraços. Eu gostava de abraçar quando era pequena e, mesmo depois que cresci um pouco, ainda queria abraçar a minha mãe.

Mas, após a internação, o drama era tão grande que eu perguntava: "Posso te abraçar?"

E ela respondia: "Não. Agora, não."

62  *Whoopi Goldberg*

Eu dizia "Está bem", mas, quando eu começava a me afastar, ela me chamava, e eu parava.

E então ela dizia "Venha aqui". E me abraçava. Dizendo: "Pronto, está bom. Sim?" E me soltava.

Esses abraços eram só para mim. Ela não gostava de abraçar outras pessoas.

Depois de quase quarenta anos, eu finalmente descobri o que estava acontecendo com ela.

Uma tarde, minha mãe, meu irmão e eu estávamos conversando na minha casa em Berkeley, Califórnia.

Não sei bem o que me levou a dizer isso, mas eu falei: "Sabe, Ma, durante aqueles anos em que você ficou afastada, acho que foi a melhor coisa que me aconteceu. Eu sei que, para você, foi difícil, mas mudou a minha vida."

Ela respondeu: "É mesmo?"

"É, sim. Eu passei a ver as coisas de outro modo. Foi o que me levou a entender que eu precisava me virar sozinha. Eu precisava aprender as coisas."

"Que coisas?"

"Eu precisava descobrir quem eu queria ser."

Ela perguntou: "Posso te contar uma coisa?"

Eu respondi: "Claro, pode."

Minha mãe olhou para o Clyde e depois para mim. "Eu não sabia quem vocês eram. Quando eu voltei do hospital."

Meu irmão e eu dissemos a mesma coisa: "O quê? Como assim? É claro que você sabia."

Então ela contou uma história que deixou o meu irmão e eu abismados. Tudo passou a fazer sentido depois disso, e percebemos coisas que não tínhamos imaginado antes.

Da mesma forma que uma mulher não podia conseguir um empréstimo no banco ou um cartão de crédito nos anos 1960, ela não podia tomar decisões acerca de seus próprios tratamentos médicos.

Ela ainda era casada com o meu pai, por isso ele e meu avô puderam determinar o que aconteceu depois de minha mãe ser levada na ambulância. Aqueles dois homens, que mal conviviam com a minha mãe, autorizaram que ela fosse exposta a um tratamento experimental de eletrochoque.

Conforme ela falava, eu fiquei me sentindo péssima pelo fato de ela ter passado dois anos em um hospital psiquiátrico. Afinal de contas, tudo poderia ser evitado se eles a tivessem ajudado durante todos aqueles anos. Tudo o que ela queria era ajuda. E ninguém a ajudava. Ninguém.

E, então, depois de Deus sabe quantas terapias de eletrochoques e sabe-se lá o que mais, eles decidiram que ela não estava mais louca. Um dia, o médico se aproximou de sua cama e disse: "Pronto. Acabou. Você vai sair. Vai para casa."

Ela não fazia ideia do que aquilo significava após aqueles tratamentos terem afetado seu cérebro. Mas ela não ia dizer: "Como assim? Eu vou para casa? Onde é isso?"

Eles tinham pressuposto que ela soubesse que era mãe de dois filhos e onde morava. Mas a verdade é que ela não tinha memória alguma da vida antes do tratamento. Ela só queria que todos se afastassem para não perceberem que ela não sabia de mais nada e, com isso, mudassem de ideia.

O pai e o marido, que eram como estranhos, a levaram para o nosso apartamento no Chelsea, e então chegaram duas crianças que ela não reconhecia.

Sentada à mesa da minha cozinha, ela contou para o Clyde e para mim que se lembrava de pensar: *Não faço ideia de quem são essas pessoas, mas eu nunca mais vou voltar para aquele hospital. Não importa o que aconteça. Então eu vou aceitar o que eles me disserem.*

Clyde e eu a ouvimos, atônitos com o que a nossa mãe estava nos contando várias décadas depois. Mas tudo fez sentido.

Aos poucos, minha mãe conseguiu resolver o mistério de quem era e de como sua vida era antes de Bellevue. E precisava fazer isso sem que ninguém soubesse que ela não se lembrava de quase nada. Ela recuperou algumas lembranças, mas teve que recomeçar outras coisas do zero. Mas, assim que se viu livre, tomou uma decisão à qual se apegou pelo resto da sua vida. Ela nunca mais trabalharia em um hospital, nunca mais seria levada para um hospital nem faria uma consulta com um médico ou um dentista. Ela nunca mais deixaria alguém tomar decisões sobre seu futuro de novo. Não queria deixar ninguém decidir se estava louca ou doente. Outras pessoas decidiram por ela antes, e ela nunca mais deixaria que acontecesse de novo.

Tempos depois, Clyde e eu às vezes sugeríamos que ela visitasse um profissional de saúde por vários motivos. Ela se recusava. Mesmo que estivesse perdendo alguns dentes, ela não me deixava marcar uma consulta com o dentista.

Ela dizia: "Não me importo de perder alguns dentes. Eu não vou."

Depois que ela morreu, o médico nos disse que o aneurisma não tinha sido o seu primeiro dano cerebral, que ela provavelmente teve vários pequenos derrames antes do último.

Isso também fazia sentido. Algumas semanas antes, em uma ligação do FaceTime, eu notei que um lado de seu rosto parecia inchado ou rígido. Eu perguntei o que tinha acontecido. Ela respondeu que estava com um problema no dente. Eu sugeri que fosse ao dentista e, mais uma vez, ela recusou.

Em retrospecto, tenho certeza de que foi um derrame, mas não entendi na época.

Clyde se sentiu imensamente culpado depois que o médico nos informou sobre os múltiplos derrames. Ele disse que deveria ter percebido.

Eu disse a ele: "Clyde, não dava para perceber. Quando a Ma não queria que as pessoas reparassem, não deixava ninguém vê-la. Seu quarto tinha televisão, livros, celular e cigarros e ela não saía de lá quando não queria ver ninguém."

Se ela tivesse nos contado sobre os derrames, nós provavelmente teríamos brigado com ela e a forçado a ir ao hospital fazer alguma coisa que ela não queria fazer. Ela sabia disso. Por isso, ficou em silêncio.

Mesmo assim, Clyde se sentiu mal, achando que poderia ter feito algo para impedir a sua morte. Mas a verdade é que ela nos criou para fazermos as nossas próprias escolhas. Ela fez a dela.

Uns dez anos antes de a minha mãe morrer, nós três estávamos conversando sobre as bizarrices que estavam acontecendo nas casas de repouso quando a cbs começou a noticiar os casos de abuso.

Minha mãe disse: "Nunca façam isso comigo."

"Fazer o quê, Ma?"

"Me colocar em uma casa de repouso."

"E por que eu faria isso?", eu perguntei a ela.

Ela respondeu: "Eu posso não conseguir mais me virar sozinha aqui."

Depois, eu perguntei ao Clyde por que ela estava preocupada.

Ele me disse: "Ela fica vendo e lendo as notícia sobre essas coisas horríveis que estão fazendo com os idosos nas casas de repouso."

"Mas eu nunca a mandaria para um lugar desse", eu respondi.

"Olha, Caryn. Não temos garantia de que teremos dinheiro ou que você vai continuar na sua carreira.", Clyde disse.

Eu refleti sobre isso. Fazia sentido. Ela já havia sido internada contra a sua vontade. E queria que nós soubéssemos que ela nunca mais queria passar por isso.

Por esse motivo, foi bom ela ter morrido rápido. Eu pensei *Graças a Deus, eu não precisei ter que decidir quem cuidaria dela e onde.* Eu nunca tinha tomado esse tipo de decisão. Muitas pessoas precisam fazer essa escolha para seus pais ou irmãos. Clyde morreu bem rápido, assim como ela. Eu não estava preparada para a partida dele, mas felizmente não precisei tomar essa decisão por ele também.

# Capítulo Seis

MINHA MÃE SEMPRE SOUBE que um dia eu alcançaria a fama. Ela contava que, assim que eu nasci, abri bem os olhos, examinando as pessoas que me observavam, e imediatamente virei o rosto na direção da luz. É raro um bebê nascer com os olhos abertos e mantê-los assim. É tão incomum que o médico e as enfermeiras que fizeram o parto chamaram os colegas ao quarto para verem aquele bebê cheio de atitude.

Quando eu era criança, adorava ouvir essa história. É claro que não me lembro do acontecido, mas tenho a impressão de que eu vim ao mundo com um propósito, enquanto deslizava pelo líquido amniótico. Desde que tenho lembrança, por volta dos quatro anos, eu queria atuar.

Antes de pisar em um palco de verdade, eu pratiquei a "atuação" de outra forma. Eu precisava convencer as freiras do St. Columba, minha escola católica do ensino fundamental, de que eu sabia ler. As outras crianças pareciam ler com facilidade, mas, quando eu olhava para as palavras no papel, as letras pareciam invertidas, agitadas e não faziam sentido. Elas não permaneciam em uma ordem que o meu cérebro fosse capaz de processar. Por isso, eu memorizava o que as outras crianças na turma liam em voz alta. Decorava as palavras e depois agia como se estivesse lendo. Meu sobrenome é Johnson, então havia umas seis ou sete crianças antes de mim na ordem alfabética que liam antes de chegar a minha vez, por isso eu tinha tempo de memorizar que deveria ler.

Naquela época, ninguém falava sobre dislexia. Eu não sabia que existia um diagnóstico para o que o meu cérebro fazia com o alfabeto. Eu sabia apenas que precisava fingir que não havia problema algum.

No início, a minha mãe, que adorava livros e lia sempre que podia, não acreditou de imediato. Quando eu disse a ela que aquela coisa de ler não era fácil para mim, ela disse: "Bom, dê o seu melhor."

Depois de um tempo, ela percebeu que eu estava me esforçando e dizendo a verdade. Eu não tinha ideia de como as outras crianças faziam para ler aquela confusão que eu via nos livros da escola. Minha mãe nunca fez com que eu me sentisse mal por isso. Ela apenas dizia que eu aprendia de forma diferente das outras crianças e que não havia problema nisso. À noite, ela lia para mim antes de dormir, e eu aprendia ouvindo as histórias. Ela lia os *Contos de Grimm* e outros clássicos.

Anos depois, eu ouvi pessoas com dislexia dizerem que costumavam ser chamadas de preguiçosas, que não eram consideradas inteligentes e que os outros as faziam sentir como se tivessem algum problema sério. Minha mãe fez o oposto. Ela sempre me encorajou a procurar outras maneiras de aprender e a estudar o que achasse interessante. Ela nunca me disse, de forma alguma, que eu era limitada.

Ela sempre reiterava: "Olha, você pode fazer tudo o que quiser. Você vai demorar um pouco mais, vai ter que encontrar algumas soluções. Mas você consegue."

O essencial para ela era que eu percebesse se me sentiria bem sendo alguém singular.

"Sabe, ser igual a todo mundo não é um problema", ela me dizia. "Mas, insistir em caminhar por conta própria, pode ser bem mais difícil. Nem todo mundo vai entender você. Talvez nem todos a queiram por perto. E algumas pessoas não vão desejar que você faça o que quiser. Mas, se isso não a incomodar, vai ficar tudo bem. Isso é o que realmente importa."

Quando eu era pequena, algumas companhias de teatro, como a de Joseph Papp, faziam teatro de rua. Um caminhão-baú que carregava o cenário estacionava na calçada da avenida, e depois os atores chegavam em uma van da Volkswagen. Eles arrumavam os cenários e algumas cadeiras para a plateia, vestiam o figurino, faziam a maquiagem e encenavam as peças para o bairro. Geralmente, faziam uma cena expandida ou uma peça de um só ato com conteúdo apropriado ao público infantil. Eu ficava encantada com as peças e contava os dias para ver aquele caminhão-baú chegar para mais uma encenação.

Perto de casa, havia um teatro da organização não-governamental Hudson Guild em um centro comunitário que produzia espetáculos com adultos e algumas peças infantis. Minha mãe me encorajou a fazer um teste. Interpretar um personagem e me tornar outra pessoa ou outra coisa era o que eu mais adorava fazer. Eu estava fascinada.

Minha mãe compreendia a minha dificuldade na escola, mas não ficou nem um pouco impressionada com o outro espetáculo precoce que eu tentei apresentar. A Hudson Guild às vezes recebia ingressos gratuitos e os distribuía para estudantes ou pessoas envolvidas com produção de teatro. Em novembro recebemos ingressos para ver *O quebra-nozes*, no Lincoln Center. Eu tinha cerca de onze anos e podia sair de ônibus sozinha.

Naquela manhã, minha mãe me disse: "Escute, arrume o seu quarto antes de sair para ver *O quebra-nozes*."

O meu quarto estava uma bagunça. Todas as minhas coisas estavam espalhadas, mas eu nunca me importava com isso. Eu só arrumava, com relutância, porque ela sempre me lembrava de organizar.

Eu disse a ela: "Está bem, Ma."

E ela saiu para fazer as suas tarefas do dia. Eu sabia que ela ficaria fora por cinco ou seis horas.

De repente, foi como se minha personalidade tivesse sido dividida: havia uma Caryn boa e uma Caryn má. Uma sentada no meu ombro direito, outra sentada no meu ombro esquerdo.

A Caryn boa, que sempre fazia a coisa certa, me avisou: "Vamos logo arrumar esse quarto."

Mas a Caryn má, que era muito convincente, apareceu no meu ombro esquerdo e disse: "Deixa isso pra lá. Você vai voltar uma hora antes dela. Depois você arruma. Esquece o que ela disse. Vamos pegar o ônibus."

A Caryn má deu um soco duplo na Caryn boa e a derrubou do ombro direito com um nocaute. Eu peguei meu casaco, tranquei a porta e desci.

A peça foi maravilhosa, e eu fui para casa nas nuvens, com um sorrisinho da Caryn má, que dizia: "Viu? Eu disse que a gente teria tempo antes de a sua mãe chegar em casa."

Eu estava me sentindo vitoriosa com a minha decisão, até que enfiei a mão no bolso do casaco para pegar a chave. Não estava lá. Eu procurei em todos os bolsos. Nada. Tentei entender por que a porta estava trancada se eu não tinha levado a chave. Provavelmente, eu tinha trancado, sim. A chave devia ter caído. Eu não tinha tempo para voltar ao Lincoln Center e procurar embaixo do assento. Meu coração começou a acelerar.

Meu irmão não estava por perto, e eu não sabia onde encontrá--lo. O expediente administração do prédio já tinha sido encerrado.

A hora estava passando, e, na minha mente, eu só conseguia pensar: "Não sei o que eu faço. Não sei o que eu faço."

Permaneci no corredor, sem poder entrar em casa. Pensei que talvez, se saísse pela janela no final do corredor e rastejasse pelos parapeitos da janela até o nosso apartamento na frente do prédio, eu poderia abrir a janela e entrar. Quando olhei para a janela do corredor para analisar essa possibilidade, vi minha mãe virar a esquina e entrar pelo portão do prédio. Tenho certeza de que ela olhou para cima e me viu. Na minha imaginação, ela tinha aqueles olhos de desenho animado, que, como um telescópio, focam naquilo que estão procurando. Eu estava em pânico.

Antes que eu pudesse pensar no que podia fazer, o elevador tiniu e parou no nosso andar. As portas se abriram, e minha mãe entrou no corredor, bem calma e tranquila.

"Oi, Caryn."

"Oi, Ma."

Eu não conseguia respirar.

Eu bolei um plano desesperado. Assim que ela abrisse a porta, eu me espremeria e passaria por ela, entraria no quarto e, muito rápido, jogaria as coisas embaixo da minha cama enquanto ela tirava o casaco.

Minha mãe pegou as chaves e lentamente abriu a porta, enquanto me perguntava: "Como foi *O quebra-nozes?*"

Meu coração batia descontrolado.

"Foi muito bom, Ma."

Ela abriu a porta sem pressa, o bastante para apenas ela entrar. De repente, minha mãe, que era bem pequena, parecia ter o tamanho do Rosey Grier, defensor dos New York Giants. Eu não conseguia passar pelo lado, por baixo nem por cima dela.

Antes que eu pudesse entrar, minha mãe abriu o armário de casacos e bloqueou a passagem para o meu quarto.

Ela ainda estava falando comigo. "Então, me conta. Como foi a peça?"

"Foi maravilhosa. Muito boa mesmo."

"Você parece meio nervosa, Caryn."

Minha atuação ruim se tornou ainda pior. "Não, eu não estou nada nervosa. Nada nervosa."

Enquanto tirava o casaco sem pressa, minha mãe fez a temida pergunta: "Você arrumou o seu quarto?"

Na Bíblia, tem uma passagem de quando o discípulo Pedro jura lealdade perpétua a Jesus. Jesus basicamente abre um sorriso irônico e diz: "Antes que o galo cante, três vezes me negarás." Algumas horas depois, os soldados prenderam Jesus e o levaram ao sumo sacerdote para receber a sentença. Quando diferentes pessoas perguntam a Pedro sobre sua relação com Jesus, o bom e velho Pedro mente três vezes seguidas, dizendo que não conhecia aquele homem.

Eu segui o mesmo caminho de Pedro ao responder a minha mãe, já sabendo que o meu final não seria feliz. Eu sabia que deveria sacudir a cabeça em negação, mas acabei fazendo que sim. Eu queria dizer "Não, Ma, não arrumei", mas, em vez disso, disse "Claro que sim".

Sem olhar para mim, ela disse: "Ah, que bom. Eu imaginei que tivesse limpado porque era parte do acordo, sabe. Você tinha que deixar o quarto arrumado antes de ir ver a peça."

E eu respondi: "É. Sei. É."

Ela levou todo o tempo do mundo para fechar a porta do armário, então eu tentei passar por ela.

"Por que está tentando passar por mim?", ela perguntou. "Relaxe."

Nessa hora, minha intuição era de que ela com certeza sabia a verdade.

"Não, estou relaxada. Estou relaxada."

Ela esperou dez longos segundos e então perguntou: "Foi difícil?"

"O quê? O que foi difícil?"

"Arrumar o seu quarto."

Naquele momento, a atitude mais inteligente teria sido admitir a verdade: "Eu não arrumei o meu quarto." Mas, assim como Pedro, eu deixei a mentira rolar.

"Como assim?"

"Bom, você arrumou o quarto, não foi?"

Essa era a minha segunda chance de confessar, mas não foi o que eu fiz.

Eu disse: "Arrumei, sim."

Ela respondeu: "Que bom."

Ela demorou mais trinta segundos para pendurar o casaco e, nesse tempo, mexeu em um cabide. Ali, pendurado, estava um cinto trançado do meu irmão que ele tinha feito em uma atividade no parque no verão passado.

Eu percebi que minha mãe também observava o cinto quando ela perguntou para mim, pela terceira e última vez: "Então você arrumou o seu quarto?"

"Arrumei."

E ela respondeu: "Que bom porque eu vou verificar agora."

Ela entrou no meu quarto e voltou logo em seguida. "Não parece que você arrumou o quarto."

Mas eu ainda estava tentando me safar. Comecei a inventar uma desculpa, começando com "Mas acontece que...", entretanto ela não queria ouvir.

Ela disse: "Não. Tarde demais. Vou fazer uma coisa que eu odeio. Mas as mentiras que você contou eram tão óbvias que você pode se dar muito mal mentindo desse jeito. Então eu vou te dar uma surra para que você nunca mais faça isso."

Ela tirou o cinto do gancho e fez desse um momento inesquecível. Foi a primeira e também a última vez que ela me puniu fisicamente. Eu sei que foi bem pior para ela do que para mim.

Ela me disse: "E se você decidir contar outra mentira, é melhor que seja uma senhora mentira. Invente e me entretenha. É melhor pensar bem nisso porque, se você for pega mentindo, não vai só levar uma surra. As pessoas podem te machucar de verdade. Se a sua vida depender disso, é melhor contar mentiras que não sejam tão fáceis de contestar."

Quando Clyde chegou em casa mais tarde, eu disse a ele: "Por que você fez aquele cinto? Seu babaca!"

Ele deu de ombros: "Eu precisava de um cinto."

Eu gritei: "Você devia saber o que ia acontecer."

Ele rebateu: "Se você tivesse arrumado o quarto, isso não teria acontecido."

"Sei. Tá, tá. Entendi. Você está todo adulto agora", eu disse, revoltada porque ele não se compadeceu. "Você não entende."

Depois, quando eu pensei nisso, me dei conta de que ele provavelmente entendia muito bem. Ma devia bater nele com aquele cinto também, e eu preciso dizer que Clyde era um filho obediente para a nossa mãe. Sempre foi.

Com certeza, eu deixei a minha mãe furiosa várias vezes. As consequências eram sempre uma bronca em voz baixa. Mas essa surra foi uma lição de vida para mim. Eu ganho a vida fingindo ser outras pessoas. Quando eu minto na vida real, e todo mundo mente às vezes, pelo menos conto mentiras interessantes o bastante para ser absolvida. Para os pais que pensam que bater nos filhos é uma coisa terrível e que você nunca faria algo assim, pode viver em paz no seu mundo perfeito. Na minha época, a maioria dos pais fazia isso — sair da linha era o mesmo que convidar uma vara ou um cinto para visitar o seu traseiro.

A próxima grande lição de vida que minha mãe me ensinou aconteceu cerca de um ano depois quando eu estava mais interessada em impressionar as minhas amigas do que no que a minha mãe poderia pensar ou fazer. Ela nunca me obrigou a escolher um caminho. Sempre me deixou tomar as minhas próprias decisões e aceitar as consequências, fossem boas ou ruins.

Em um dia de inverno, eu estava em casa, e minha mãe tinha saído. Minhas amigas estavam lá em casa naquela tarde. Minha mãe havia deixado um maço de cigarros Kool no balcão da cozinha, e a gente achou que seria uma boa ideia fumar escutando umas músicas. Eu não pensei em abrir as janelas porque o aquecedor estava ligado. Acendemos sete cigarros.

De repente, nós ouvimos um barulho de chave na porta da frente. As minhas amigas todas apagaram os cigarros e se adiantaram para a porta da frente, enquanto a minha mãe entrava, dizendo "Oi, sra. Johnson. Tchau, sra. Johnson.".

Eu espremi os olhos para ver a minha mãe através da fumaça e nem pensei em mentir quando ela perguntou: "Vocês estavam fumando aqui?"

Eu respondi. "Sim, Ma."

Ela ficou em silêncio por um minuto. Eu estava suando um pouco.

Então ela disse: "Eu quero que você olhe ao redor e entenda o que acabou de acontecer."

Eu olhei para o cômodo agora vazio, vi o maço de cigarros vazio e o cinzeiro cheio. Com certeza, foi uma decisão idiota, estava bem evidente para mim.

Ela disse: "Quando você faz esse tipo de coisa com outras pessoas, elas, sem dúvida, vão te deixar na mão. E quem vai ter que arcar com as consequências é você. Ao fazer uma escolha, esteja preparada para lidar com ela sozinha."

Eu me desculpei.

Então, ela se virou e disse: "Se for fumar aqui, pelo menos vá para o quarto dos fundos e abra a janela para eu não sentir o cheiro assim que entrar. Você precisa ser esperta. Preste atenção, Caryn."

Ela só não descobriu uma mentira minha.

Depois do período no hospital, minha mãe voltou a fazer bolos e doces, provavelmente porque as receitas eram algo que faziam sentido para ela. Ela adorava bolo alemão de chocolate, que tem uma cobertura pegajosa de coco com pedaços de noz-pecã. Ela amava. Clyde e eu detestávamos o bolo, mas nunca tivemos coragem de dizer a ela. Para nós, a cobertura parecia um vômito seco. Então, quando minha mãe não estava olhando, Clyde e eu pegávamos três ou quatro pedaços do bolo e jogávamos no duto de lixo do corredor. Uma semana depois, quando voltávamos da escola, ela tinha feito outro bolo alemão de chocolate.

Muitos anos depois, eu perguntei à minha mãe: "Por que você sempre fazia bolo alemão de chocolate?"

Ela respondeu: "Vocês dois comiam tanto que eu queria fazer o que vocês amavam comer."

Foi só então que eu confessei que aqueles bolos foram parar, pedaço por pedaço, na lixeira.

Minha mãe ficou perplexa. Ela nunca tinha suspeitado.

Ma era muito mais direta comigo sobre o que gostava e não gostava. Quando eu era criança, ela adorava um doce chamado Mary Jane, um retângulo de pasta de amendoim com melaço, embalado individualmente. Era um doce barato que se tornou difícil de encontrar nos anos 1990 e 2000.

De alguma forma, anos depois, eu achei esse doce em uma loja em Nova York e mandava para a minha mãe sempre que podia. Pensei que ela adorava.

Um dia, no telefone, ela me disse: "Pare de me mandar Mary Janes. Eu não gosto mais desse doce. Não vou comer."

Tudo bem então. Pedido cancelado.

Minha mãe tinha suas próprias opiniões do que eu precisava aprender e de quando eu mais precisava, mesmo nos anos em que ela tentava compreender tudo ao seu redor sozinha, sem que ninguém soubesse que estava perdida. Quando eu penso nisso, chego à conclusão de que ela era uma ótima atriz.

Como a maioria dos pré-adolescentes, às vezes eu não queria usar botas e casaco quente no inverno. Minha mãe me observava indo em direção à porta, pronta para sair, de moletom e tênis. Ela nunca me forçava a vestir o casaco e calçar as botas. Ela dizia: "Quando sentir muito frio, não venha me culpar. Eu não quero ficar ouvindo. Você não vai ter tempo de voltar para casa, então quando estiver na rua, não vai ter jeito. E, se ficar doente por causa dessa decisão, vai ter que aceitar as consequências."

Para falar a verdade, eu não gostava de sentir frio, ficar doente ou as duas coisas juntas. Eu pensava o seguinte: Por que ela não quer me ver aquecida e confortável? Ela estava me dando um conselho ruim? A resposta era não e, mesmo assim, eu não dava ouvidos. Ela costumava dizer que isso era "cabeça convencida, bunda dolorida".

Eu gostaria de dizer que aprendi a lição depois que congelei pela primeira vez. Mas foi só na terceira vez, depois de fazer a besteira de dizer "não preciso", e de meus dedos do pé quase congelaram. Minha mãe olhava para mim como quem diz "Você está sendo burra" e sacudia a cabeça. Aquele gesto me deixava ciente de que ela tinha razão. Eu era uma palerma por continuar fazendo idiotices que só me prejudicavam. Eu já estava cansada disso.

Minha mãe queria que eu compreendesse de fato que eu só podia contar comigo mesma. E fazer as coisas por conta própria. Para aquela geração de mulheres, foi oferecido o mito de que, caso você fosse bonita e feminina, poderia se casar com um homem que cuidaria de você. Então ela me alertou que não havia garantias, independentemente dos fatos. Ela me dizia sempre que era importante que eu tivesse meu próprio dinheiro e que eu não podia contar que outra pessoa cuidaria de mim. Em vez de acordar um dia casada com um homem bem rico, eu conseguiria um emprego para me sustentar.

Eu ouvia as mulheres conversando sobre dinheiro, nos corredores do prédio ou fora dali. Geralmente, a conversa era mais ou menos assim:

"Eu não preciso contar ao meu marido onde gastei o meu dinheiro. Eu trabalhei para ganhar. E ele quer a metade."

A outra mulher responderia algo do tipo: "Por que você tem que dar a metade a ele? Você trabalhou por esse dinheiro. Sabe, você compra a comida, o sapato das crianças, essas coisas. O que é que ele paga?"

Mesmo que essas mulheres pudessem ser um pouco rudes, elas eram espertas o bastante para ter o próprio dinheiro. Eu prestava bem atenção.

Uma tarde, minha mãe estava conversando com algumas mulheres. Eu estava perto e ouvi uma das moças dizer: "Sabe, a Caryn não é bonita. Ela vai ter que arrumar um emprego e trabalhar."

Acho que isso provavelmente afetou mais a minha mãe do que a mim porque, quando ela era pequena, não era exatamente a última bolacha do pacote. Ela era exatamente como eu. Sua prima Arlene sempre foi admirada pela beleza.

Ma respondeu em um tom firme e calmo.

"Caryn sabe disso. Ela sabe que não se parece com as outras garotas. Caryn se parece com ela mesma. Ela já sabe que vai precisar dar um jeito e se virar sozinha, não importa o que decidir fazer."

Acho que foi bom a minha mãe ter me dito a verdade. Mesmo que eu tenha feito várias escolhas que não funcionaram no início, nunca estive em uma posição em que não podia mudar de vida porque meu sustento dependia de outra pessoa. Eu sabia que conseguiria me virar sozinha.

# Capítulo Sete

Sabe quando as pessoas fazem aquelas perguntas do tipo: "Você lembra onde estava no dia em que o Elvis morreu?" ou "quando mataram John Lennon em frente ao apartamento onde ele morava em Nova York?" Essa lista está ficando longa, não é? Toda semana, uma pessoa famosa bate as botas. Enquanto eu escrevo este livro, a Rainha Elizabeth ii foi desta para melhor aos noventa e seis anos.

Não gosto de pensar onde eu estava no dia em que o meu amigo Robin Williams nos deixou. Eu adorava o Robin, assim como milhares de outras pessoas. E tive a sorte de tê-lo como amigo próximo. Minha mãe o adorava também. Ela amava dar risada, e poucas pessoas eram tão boas em fazer alguém rir como Robin.

Provavelmente, o meu primeiro "você lembra..." aconteceu no dia em que John F. Kennedy foi assassinado em Dallas. Ainda sou capaz de ouvir o sinal do alto-falante da escola quando eu estava na segunda série. A freira que estava dando a aula parou de falar, e todos nós olhamos para a caixa de som, como se o rosto de Deus fosse aparecer no aviso. A diretora anunciou que as aulas estavam suspensas pelo resto do dia. Haviam atirado no presidente dos Estados Unidos.

Em silêncio, nós vestimos os nossos casacos, saímos da escola e caminhamos para casa. Pela primeira vez, eu vi todos aqueles adultos chorando. As professoras choramingavam, a zeladora estava em prantos. Em todos os lugares, nas calçadas, as pessoas estavam soluçando. O policial que nos ajudou a atravessar a rua estava com o rosto marejado de lágrimas. Eu não entendia o que tudo aquilo significava.

No ano anterior, minha mãe, Clyde e eu fomos ver Kennedy enquanto ele fazia campanha em Nova York. Foi um dos dias mais quentes daquele verão. Ma, Clyde e eu ficamos de pé em um lado do estacionamento, e ele estava em uma plataforma do outro lado. Ele parecia, para mim, ser uns dez centímetros mais alto do que eu.

Aos sete anos, eu não prestei muita atenção no que ele disse. Eu estava mais interessada na minha raspadinha de cereja. No entanto, ainda me lembro das seguintes palavras: "Não pergunte o que o seu país pode fazer por você. Pergunte o que você pode fazer pelo seu país." A mensagem era um indicativo de que éramos todos americanos e que precisávamos cuidar do nosso país.

Eu era jovem demais para compreender que John F. Kennedy era uma esperança para o futuro dos negros nos Estados Unidos. Ele foi o primeiro presidente a apoiar publicamente o movimento dos direitos civis dos negros, principalmente no sul do país. Quando Martin Luther King Jr. foi preso pelos protestos pacíficos e pela resistência, Kennedy, ainda em campanha, fez um telefonema para libertá-lo da prisão, e as queixas foram retiradas. A notícia se espalhou, e 70% da população negra do país votou em Kennedy nas eleições.

Quando Martin Luther King Jr. foi assassinado no hotel em que estava hospedado em 1968, eu era adolescente e já tinha idade para compreender a situação. No período entre as mortes de Kennedy e King, eu tinha começado a perceber o que acontecia nos outros cantos do país. No início, fiquei confusa. O meu bairro em Nova York era tão diversificado que eu não sabia que, em outros lugares, as pessoas eram expulsas, espancadas ou presas quando se relacionavam com pessoas de diferentes etnias. Só fiquei sabendo da segregação quando vi na televisão. Eu não fazia ideia de que as pessoas não eram livres para ir e vir. Nunca tinha sido expulsa de qualquer lugar ou evento.

Eu via os noticiários e perguntava à minha mãe: "O que eles estão fazendo? Por que estão usando aquelas mangueiras de incêndio nas pessoas?"

Ela dizia: "As pessoas estão tentando votar, e as outras não querem deixar."

"Isso acontece aqui?", eu perguntei a ela.

"Não, aqui todo mundo pode votar."

Nova York não era um lugar só de amor, paz e compreensão. As lutas em prol dos direitos civis aconteciam no Harlem e no Brooklyn, mas, quando eu era criança, esses lugares estavam muito longe da minha realidade. Ninguém me dizia, por exemplo, que certas lojas ou empresas eram conhecidas por rejeitarem pessoas negras. Minha mãe se poupava de frequentar essas lojas. Muitos outros lugares a aceitavam de bom grado.

Eu sempre soube que era negra. Para falar a verdade, acho que, quando era criança, o termo usado era "pessoa de cor" e, para o governador do Mississipi, eu era uma "crioula", o termo que ele usou quando eu o ouvi comentar sobre o que os "crioulos" pretendiam fazer ao tentar estudar com pessoas brancas. Tenha em mente que eu cresci em Nova York e, meu Deus, eu não conseguia compreender qual era o problema! Na minha escola, havia alunos latinos de pele clara e porto-riquenhos de pele escura, crianças que tinham mães japonesas e pais brancos e outras crianças apenas brancas. Aprendíamos por alto que pessoas negras haviam sido escravizadas no passado. Eu perguntava à minha mãe sobre as pessoas brancas que tentavam impedir que as negras votassem no sul do país e, na minha cabeça, tentava compreender aquela estupidez. Por causa do ambiente onde cresci, eu compreendia que existiam pessoas *aqui* nos Estados Unidos que achavam que eu não era tão boa quanto, que nunca seria tão boa ou inteligente quanto, alguém branco. Eu era uma criança e sabia que aquilo não era verdade.

Eu me lembro de assistir ao noticiário e ver pessoas caminhando com cartazes em mãos, às vezes cantando. Quando de repente, um grande jato de água os derrubava como pinos de boliche, e a polícia chegava batendo nelas com cassetetes de madeira, não importava se eram crianças ou adultos. E lá estava eu, vivendo no meio de pessoas brancas, negras, asiáticas, latinas *e* policiais que me ajudavam a atravessar a rua no caminho até a escola, eles estavam em todo lugar quando eu era pequena. Mas eu percebia que em filmes como *...E o vento levou* ou qualquer filme que fosse exibido nos programas *The Late Show, The Early Show* ou *Million Dollar Movie* no canal 9, as pessoas negras interpretavam serventes animados ou viciados em melancia, com exceção de *Os Batutinhas*, no qual existia uma espécie de igualdade entre as crianças. E todos os personagens negros da televisão tinham um sotaque esquisito — como eu disse, ninguém que eu conhecia se parecia com eles ou falava daquele jeito.

Eu perguntava à minha mãe: "Por que os todos negros na televisão são serventes?"

"Isso é um filme", ela respondia. "Não corresponde à história. Nós somos diversos, mas é assim que algumas pessoas querem contar as suas histórias." Ela explicava que existiam muitas histórias desconhecidas de cientistas, médicos e botânicos. "Talvez, quando você crescer e ouvir essas histórias, possa contá-las."

Assim como muitas pessoas negras de sua geração, minha mãe se recusava a se limitar à história da escravidão. Ela sobretudo não queria que Clyde e eu nos sentíssemos limitados pelos acontecimentos do passado. Ela explicava que esse era o motivo pelo qual as pessoas protestavam e por que era importante seguir em frente, pois somente assim as coisas mudavam. Ela encarava a vida da mesma forma. Minha mãe acreditava na perseverança e no poder de seguir em frente, sem estagnação. Eu sei que perguntei se essas coisas já haviam acontecido com ela, e do jeito Emma de ser, ela disse o seguinte:

"Olha, coisas horríveis vão acontecer no mundo. E você não vai poder fazer nada para impedi-las. As coisas são como são. Mas você vai precisar tomar uma decisão: 'Eu vou permitir que essas coisas ruins impeçam o meu crescimento como ser humano? Ou eu vou tentar aprender como ser uma pessoa melhor?' Qual escolha você acha que é perda de tempo?"

Minha mãe não tinha tempo a perder. Ela tinha que encontrar um jeito de se sustentar e nos criar. E ela *nunca* respondeu minha pergunta!

Minha mãe conseguiu o próximo emprego perto de casa. Havia um playground perto de quase todo prédio do conjunto habitacional, e a prefeitura decidiu demolir o nosso para construir uma creche. Todas as mães protestaram — com cartazes e tudo o que podiam — sem sucesso. Depois que a creche foi construída, foram abertas vagas de emprego, então minha mãe se candidatou e foi contratada! Não pensem que eu não fazia piadas sobre isso... quando não estava tão perto dela.

Na década de 1960, o governo criou um programa de pré-escola chamado Head Start. Muitas pessoas achavam que, quanto mais cedo se investisse nas crianças pequenas, mais chances de um futuro promissor elas teriam, o que acabou se comprovando verdade. Pode perguntar ao pessoal do *Vila Sésamo*. Minha mãe foi contratada como assistente de uma das professoras da creche. Ela era, na verdade, uma ótima professora. Quando os dirigentes a conheceram, perceberam como ela era eficiente como educadora. E acharam que ela tinha potencial para se tornar uma ótima professora. Então, financiaram seus estudos na Hunter College e, mais tarde, na New York University, onde ela se formou em educação infantil.

Ela aproveitou a oportunidade e, depois, prosseguiu para fazer o mestrado. Nessa época, Clyde e eu já estávamos mais velhos, e ela confiava que não causaríamos problemas enquanto estivesse nas aulas.

Lembro que minha mãe foi de bicicleta elétrica para a formatura, com o vestido de festa esvoaçando ao vento. Não sei por que ela não convidou Clyde e eu, mas era o jeito dela. Nunca queria interferir nos planos de ninguém.

Um dia, em uma conversa com a minha mãe, ela deu risada sacudindo a cabeça. E disse: "Antes de construírem a pré-escola, eu fui protestar na rua porque queriam acabar com o playground de vocês. E foi esse emprego que me deu a oportunidade de conseguir um diploma superior e uma carreira. A gente nunca sabe o que pode acontecer."

Minha mãe foi criada para ser uma pessoa decente, recebeu a mesma criação que Arlene, mas sempre achou que as crianças deveriam ser ouvidas como indivíduos, e não como um coletivo. Para ela, era mais importante que as crianças descobrissem quem eram do que ensiná-las a se encaixar em algum grupo. Minha mãe preferia a honestidade e a mente aberta das crianças do que a companhia de adultos, cujas cabeças eram tão duras quanto cimento.

Ela era uma ótima professora. Até hoje, eu recebo comentários e e-mails de ex-alunos da minha mãe do Head Start, pessoas de quarenta anos que me dizem que nunca a esquecerão porque ela causou um impacto em suas infâncias.

Ela provavelmente não será esquecida por alguns pais também. Minha mãe tinha uma didática natural bastante progressista para a época. Ela ensinava às crianças com demonstrações da vida real.

Todo ano, na última semana de outubro, ela ajudava os alunos a esculpir abóboras. Ela os ensinava a deixar a abóbora parecida com um rosto, e eles adoravam a atividade. No Halloween, ela colocava velas dentro das abóboras e apagava as luzes, para que as crianças vissem o efeito completo.

Depois do Halloween, Ma ainda deixava as abóboras no parapeito da janela.

Após uma semana, alguns dos pais perguntavam: "Você não vai jogar fora essas abóboras?"

E ela respondia: "Ainda não."

Os pais riam constrangidos e iam embora.

Outra semana se passava, e alguém perguntava: "Você vai mesmo deixar essas abóboras aí?"

E ela respondia: "Vou, sim."

Por fim, perto do feriado de Ação de Graças, alguém dizia: "Seria bom se você tirasse essas abóboras daqui agora."

Ma parava o que estava fazendo e perguntava: "O que está incomodando vocês?"

Os pais rebatiam: "Está apodrecendo. Por que vai deixar isso aí?"

"Eu tenho um motivo. Quero mostrar às crianças que isso acontece com tudo na vida: as abóboras, as plantas, os peixinhos, os pássaros, os animais e também com as pessoas. Conforme as abóboras vão envelhecendo, eu explico que até mesmo os seres humanos, como as vovós e os vovôs, chegam a um estágio da vida em que deixam de existir. Mas não precisa ser uma coisa assustadora. Eles não precisam temer."

Os pais ficavam desconcertados. É uma maneira bem simples de ajudar as crianças a compreenderem que a morte acontece com todos os seres vivos, e que não existe motivo para temer. É algo que pode nos deixar tristes, mas não precisamos ter medo. Os pais talvez tenham achado a minha mãe um pouco peculiar, mas compreendiam que ela não queria que as crianças achassem que a vida era um mistério assustador.

Pensando bem, eu acho que suas experiências de vida a fizeram uma professora melhor. Ela queria que os alunos atingissem seu potencial e encarassem o destino com positividade e sabedoria.

Minha mãe aceitava o fato de que as pessoas costumam tirar conclusões precipitadas, geralmente movidas pela ignorância. Ela era compreensiva desse jeito.

Quando eu era mais jovem, as pessoas me questionavam: "Por que você parece uma pessoa branca falando?"

E eu rebatia: "Como assim? Eu falo do meu jeito. Eu falo como a minha família fala. Eu falo como a minha mãe fala."

"Bom", as pessoas diziam. "Ela não fala como pessoas negras falam." Minha mãe tinha uma dicção perfeita e defendia a ideia de ter variadas formas de falar e um vocabulário vasto, mas, falando com ela ao telefone, não dava para detectar na voz a sua cor.

Eu perguntava: "Como assim, 'ela não fala como pessoas negras falam'? O que é falar como uma pessoa negra?"

Certa vez, eu perguntei à minha mãe: "Por que sempre dizem que nós não falamos como pessoas negras falam?"

Minha mãe deu de ombros e respondeu: "Não faço a menor ideia."

"As pessoas agem como se meu jeito de falar fosse errado."

"Ah, bom, isso é problema delas, não seu. Não é problema meu. É problema delas."

Outra coisa que diziam, como se fosse algum milagre: "Nossa, você é tão articulada!"

Eu finalmente passei a seguir o exemplo de Emma e, em vez de responder, fazia uma pergunta: "Como assim? Mais articulada do que quem?"

As pessoas ficavam confusas, procurando uma explicação. "Ah, você não parece... sabe... não fala como... como..."

Eu rebatia: "Quem? Não falo como quem?"

Por fim, a resposta saía: "Você não fala como uma negra."

Sem me exaltar, eu perguntava: "Então você está me dizendo que você não conhece nenhuma pessoa negra? É isso que está dizendo?"

Eu contava essa história à minha mãe, e ela respondia: "Seja compreensiva. As pessoas não têm conhecimento."

Eu dizia: "Elas ficam surpresas quando digo que você nos levava para ouvir música, ver peças, exposições, filmes, essas coisas."

E minha mãe dizia: "Você precisa entender. Esses indivíduos não conhecem ninguém como você. Não conseguem imaginar que você tem conhecimento sobre arte, música, história mundial... qualquer coisa. Isso não é um problema seu. É um indicativo do que falta no mundo deles, não no seu. As únicas pessoas que eles conhecem com a sua aparência ou trabalham para eles ou só conhecem de vista. Eles não conversam com pessoas negras."

Mesmo assim, eu não gostava de ter que lidar com isso.

"Você precisa tentar ser mais compreensiva com essa ignorância deles. Você pode desperdiçar tempo se aborrecendo com a incapacidade das pessoas ou ajudá-las a compreender como tudo funciona e por que elas não deveriam dizer o que dizem." Para a minha mãe, a raiva não iria me ajudar. E, pelo visto, ela tinha razão.

Eu conheço pessoas racializadas hoje em dia que não sabem muito sobre a falta de representatividade na televisão e no cinema. Pessoas que não sabem como era comum ser ignorado ou rejeitado em hospitais ou em piscinas. Conforme eu crescia, as coisas em diversos aspectos foram mudando aos poucos. Alguns momentos no cinema se destacaram dramaticamente na história de relações raciais da época.

Uma vez, no cinema do RKO, eu estava sentada entre minha mãe e Clyde para assistir a *No calor da noite*, com Sidney Poitier e Rod Steiger. No filme, Sidney interpreta um policial de Chicago que vai parar em uma pequena cidade no sul do país. Rod Steiger interpreta um típico xerife branco que quer saber por que Sidney está lá, por que está tão bem-vestido e por que tem tanto dinheiro na carteira. Quando perguntam seu nome, ele responde: "As pessoas me chamam de SR. TIBBS." Acontece que um homem branco é assassinado. O xerife confirma as informações do interrogado, e Sidney, com relutância, concorda em ajudar a achar o assassino. Os dois vão ao encontro de outro homem branco, para interrogá-lo e, quando Sidney P. interpela o homem, ele se sente tão espantado que o esbofeteia. Sidney olha para ele como quem diz "Você está louco?" e o esbofeteia também. Queridos, a plateia inteira ofegou e ficou em completo silêncio. Foi chamado "o tapa que ecoou pelo mundo".

Clyde e eu sabíamos o quanto a minha mãe adorava e respeitava Sidney Poitier, principalmente após um passeio de ônibus no Upper East Side de Manhattan.

Provavelmente, estávamos naquela parte da cidade para algum evento ou show e voltamos para casa de ônibus. Minha mãe estava sentada no assento da janela, eu no do meio, e meu irmão no do corredor. Nossa mãe estava sempre bem arrumada quando nós saíamos, muito bem-vestida. Meu irmão estava elegante vestindo um terno da Robert Hall e chapéu. E eu usava um vestido da Kate Greenaway comprado na Macy's, com meias brancas de renda e sapatos Mary Jane de couro envernizado.

Nós estávamos no ônibus quando, de repente, eu vi a sola dos sapatos amarelos de cetim da minha mãe porque ela estava ajoelhada no banco, inclinada para fora da janela.

Ela gritava: "Meu Deus! Sidney! Sr. Poitier!" Ela acenava freneticamente para a calçada.

Em toda a minha infância, eu nunca tinha visto a minha mãe agir daquela forma. Eu olhei para o meu irmão. Ele estava perplexo. Ele olhou para mim. Eu estava perplexa. Ambos olhamos para ela porque, tão rápido quanto aconteceu, ela se virou, sentou-se no banco e ajeitou a saia como se nada tivesse acontecido.

Eu olhei para Clyde como quem diz *Ela gritou mesmo da janela do ônibus?* Ele me fez um sinal que significava *Não diga nem faça nada. Vai sobrar para nós dois.*

Acho que Clyde e eu comentamos entre nós depois, mas nunca falamos sobre isso com a nossa mãe.

Anos depois, em uma premiação, eu tive a oportunidade de conhecer Sidney Poitier. Durante nossa conversa, eu contei a ele a história do ônibus, de quando a nossa mãe ficou gritando por ele na janela e como foi chocante vê-la pela primeira vez perdendo a compostura. Ele achou a história encantadora e me disse para levá-la para conhecê-lo no próximo evento.

Cerca de um ano depois, fui a anfitriã de um evento beneficente, e Sidney Poitier foi gentil o bastante para comparecer. Minha mãe estava comigo.

Eu a levei até ele e disse: "Sidney, eu gostaria de apresentá-lo à minha mãe. Ma, esse é Sidney Poitier."

Como uma rainha da elegância, minha mãe estendeu a mão e disse: "É uma honra conhecê-lo, sr. Poitier."

Sidney disse: "Eu adoro a Whoopi. Ela é uma ótima... Espere... Nós já nos conhecemos?"

Minha mãe disse: "Ah, não. Eu teria me lembrado, com certeza."

"Ah, você parece tão familiar."

"Não", disse a Ma. "Eu me lembraria de tê-lo conhecido."

Sidney começou a falar outra vez e disse: "Espere. Você não estava em um ônibus?"

Minha mãe olhou para mim, e eu sabia que tinha feito besteira.

Ela se manteve serena e disse: "Ah, entendi. Caryn contou a história para o senhor. Não. Nós nunca nos conhecemos, mas foi um prazer conhecê-lo, sr. Poitier. Pode me dar licença?"

Ela foi até o banheiro feminino, e eu disse a Sidney: "Acho que fiz besteira contando essa história ao senhor."

"Bem, é uma história ótima. Eu espero que ela não tenha me achado indelicado."

"Não. Não. A culpa foi minha. Acho que eu a deixei envergonhada. Vou atrás dela."

Sidney queria que eu a levasse de volta, mas eu sabia que aquilo não aconteceria.

Quando eu entrei no banheiro, ela não queria olhar para mim ou falar comigo. Ela disse apenas: "Quero ir embora agora."

E eu respondi: "Sim, tudo bem. Eu preciso dar boa-noite às pessoas."

Sem olhar para mim, ela rebateu: "Vou esperar no carro."

Ela só falou comigo uma semana depois. Quando finalmente nos falamos, ela me perguntou: "Por que você fez aquilo? Você me deixou envergonhada na frente do sr. Poitier."

"Mas, Ma. Ele adorou a história e adorou te conhecer também."

"Caryn, você precisa ter cuidado e pensar melhor antes de contar as histórias de outras pessoas."

Eu me desculpei, mas ainda assim ela passou mais três semanas sem falar comigo.

Foi difícil para mim também. Eu não suportava a ideia de deixar a minha mãe magoada.

Anos depois, ela admitiu que talvez tivesse exagerado naquele momento. Ela explicou que, na época, a minha carreira não estava consolidada, as coisas ainda estavam acontecendo para mim, e ela não queria ser motivo de chacota para ninguém.

Eu tentei garantir à minha mãe que Sidney tinha achado que ela era encantadora e que ninguém estava rindo dela.

Ela disse: "Isso não importa. Para mim, foi assim que o sr. Poitier me viu."

Eu compreendi o que ela queria dizer. Prometi a ela me comportar melhor.

Por mais que minha mãe adorasse cinema, acho que foi muito significativo para ela ver Sidney Poitier se tornar um dos primeiros protagonistas negros e o primeiro ator negro a conquistar um Oscar de melhor ator em 1964. As barreiras estavam começando a ser quebradas, e o sr. Poitier estava nos conduzindo ao futuro.

No outono de 1966, aos dez anos, eu liguei a televisão para assistir ao novo programa sobre o espaço sideral. Eu gostava de tudo relacionado a ficção científica, então, com certeza, era fã de *Jornada nas Estrelas*. Eu pulei do sofá e corri para buscar Ma quando vi uma atriz negra, Nichelle Nichols, interpretando Lieutenant Uhura, a oficial-chefe de comunicações da *Enterprise*. Eu fiquei alucinada. Jamais tinha visto uma pessoa negra em um programa de ficção científica, nem mesmo um figurante andando pela calçada ou dirigindo um carro. Ela foi a primeira pessoa negra que eu vi em uma série sobre o futuro. (Somente em 1968 outra atriz negra, Diahann Carroll, interpretaria uma mulher de carreira, em *Julia*.)

Durante a minha carreira, eu tive a oportunidade de estar na companhia de Nichelle Nichols algumas vezes. Ela era uma destemida e impressionante porta-voz da inclusão de pessoas negras em posições de destaque no entretenimento. Eu precisei dizer a ela: "Foi por sua causa que na minha infância eu soube que as pessoas negras estariam presentes no futuro. Que também teríamos um lugar lá."

Quando Gene Roddenberry, o criador da versão original de *Jornada nas Estrelas*, estava no processo criativo de *Jornada nas Estrelas: A nova geração* no final dos anos 1980, eu liguei para ele. Disse a ele que gostaria de ter um papel na nova série e pedi que considerasse a possibilidade de eu interpretar um personagem.

Ele me perguntou por quê, e eu disse que, para mim, era importante que pessoas negras fossem vistas no futuro. Eu disse que, antes de *Jornada nas Estrelas*, eu não via pessoas negras na ficção científica. Ele não acreditou em mim, então eu o desafiei a fazer essa pesquisa sozinho.

Dois dias depois, ele me ligou em casa e disse: "Preciso que você venha até aqui para nós conversarmos."

Eu concordei e fui até lá.

Gene me disse: "Antes de tudo, eu vou escrever uma personagem para você nessa série. Já a tenho em mente. Mas ao que tudo indica você estava certa. Eu não achei personagens negros na ficção científica. Eu não fazia ideia."

Ele me explicou que, na versão original de *Jornada nas Estrelas*, ele criou um mundo onde todas as pessoas viviam. E disse: "Acho que eu não entendia bem que ninguém tinha feito o que eu estava fazendo."

Foi por esse motivo que minha mãe me disse para ser compreensiva com o que as pessoas não sabem e ajudá-las a entender em vez de ir embora furiosa. A questão é que, quando as pessoas estão acostumadas a se verem na televisão, não percebem aquelas que não são representadas. Só percebe quem não é representado.

Em 2022, o mundo perdeu Sidney Poitier e Nichelle Nichols. Acredito que nenhum dos dois quisesse ser lembrado pelo dia que morreu, a não ser que seus feitos em vida fossem celebrados. Antes que se despedissem, muitas mudanças aconteceram por causa deles. É necessário reconhecer.

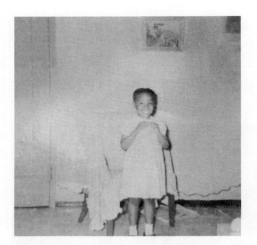

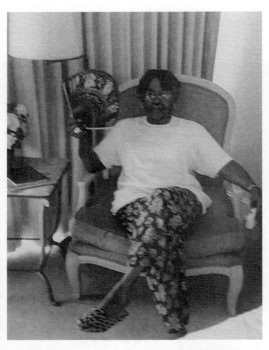

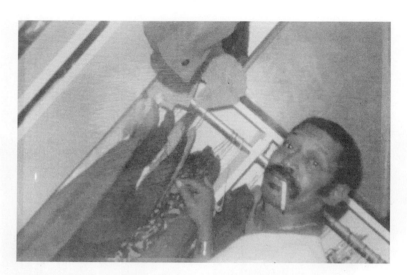

# Capítulo Oito

Algumas pessoas me perguntam: "Whoopi, você usa uma blusa social branca quase todo dia. Por quê?"

Bem, eu não me importo muito com o que visto. O essencial para mim é me sentir confortável. Uma camisa branca de botões é uma solução fácil para que eu fique apresentável quando apareço em público. Dá uma sensação e uma aparência de frescor.

Agora, pensando bem, talvez essa preferência se deva ao fato de que usava todos os dias para ir à escola uma blusa social branca — eu estudei em uma escola católica. Passei pelo menos 1.600 dias de uniforme antes da oitava série. No fim do jardim de infância, já não damos a mínima para a nossa roupa. É sempre a mesma coisa: blusa social branca e saia xadrez.

Quando eu era criança, costumava frequentar a missa. Era uma obrigação para os alunos da Escola Católica St. Columba. Eu passei o ensino fundamental inteiro me pondo de joelhos. Todo domingo de manhã, nós íamos à igreja e, às sextas-feiras, não comíamos carne. Nada daquilo fazia sentido para mim, mas eu sabia que, quando fosse mais velha, não frequentaria mais a igreja. Havia vários tipos de igreja no bairro, e era bom visitar os diferentes lugares, sabendo que nem todo mundo acredita na mesma coisa ou no mesmo caminho. Com isso, nós podíamos questionar, mas muitos professores se sentiam incomodados.

Na época, a minha família não sabia, mas no ensino fundamental, eu tinha dislexia não diagnosticada. Não tenho qualquer lembrança de êxitos educacionais. Na maior parte do tempo, eu tentava apenas sobreviver. Eu aprendi os Dez Mandamentos, mas aos sete anos, o texto original fez sentido para mim. Sim, o texto nas tábuas que Moisés carregou montanha abaixo. Antes que a igreja elaborasse uma definição própria de cada mandamento, a versão original era um bom manual de vida.

O oitavo mandamento, por exemplo: "Não roubarás." Parece óbvio para mim. Se outra pessoa pagou, e não você, compre as suas próprias coisas.

O sexto mandamento é incontestável: "Não matarás." Ninguém que chegou pleno a esta encarnação quer sair dela. Deixe as pessoas em paz.

"Não levantarás falso testemunho contra o teu próximo." Você sabe como a maledicência funciona. "Eles são maus; você é bom" "Eles são idiotas; você é um gênio" "Eles não prestam; você é normal." É um círculo vicioso. As outras pessoas pensam o mesmo de você. Então, o nono mandamento é o atual "Fique de bico fechado". Talvez os outros façam o mesmo também.

Para falar a verdade, quem moldou a minha visão de mundo sobre como viver no planeta com outras pessoas foi a minha mãe. Ela nunca fez isso impondo de regras ou rótulos do que era ou não pecado. Ela era bem mais sutil e estava determinada a me deixar tomar as minhas decisões e entender por conta própria quem eu queria ser.

Na época da escola, eu tinha um amigo, Robert, que era diferente, sem dúvidas. Ele era enorme e tinha o rosto salpicado de espinhas, mas era bacana, inteligente e gentil. A gente fazia parte de um pequeno grupo que se encaixava nessa categoria: os diferentes. Eu sentia que eu entendia o Robert, e o Robert me entendia. Então, a gente andava junto e conversava.

Um dia, em um passeio da escola, minha mãe se voluntariou para ser uma das responsáveis que iam junto. Naquele dia, eu estava com os populares, falando com todo mundo e me sentindo feliz.

Em casa, à noite, eu estava eufórica por causa do passeio, me vangloriando, toda animada.

Minha mãe olhou para mim e perguntou: "Seu dia hoje foi bom, não foi?"

Eu respondi: "Foi, sim. Eu me diverti muito. Estou muito feliz. Eu estava, sabe, falando e andando com várias pessoas."

"Ah. É, eu percebi", ela disse. "São as mesmas garotas que te fizeram chorar umas semanas atrás?"

"Sim, são", eu respondi. "Mas está tudo bem. Nós somos amigas agora."

"Entendi. Será que o Robert também acha isso?"

"O quê? Se o Robert acha o quê?"

"Se ele está feliz e contente por fazer parte da turma."

Eu fiquei em silêncio. Percebi que, no passeio, talvez eu não tivesse sido legal com o Robert. Talvez eu até tivesse rido dele, como os populares fizeram. Eu não o incluí no grupo como um amigo faria.

Eu comecei a me sentir envergonhada. Nós éramos amigos, e, de alguma forma, eu não respeitei o fato de que deveria ser amiga dele na presença de outras pessoas também.

Eu, que antes estava me vangloriando, passei a me sentir péssima pelo modo como tratei Robert.

Ma continuou: "Eu não disse isso para deixar você angustiada. Foi para que se lembre de como a gente se sente quando isso acontece, quando a gente não trata a outra pessoa bem, como talvez você tenha feito com o Robert hoje."

Quando ela falou isso, a minha vontade foi correr para um canto, entrar em uma caixa e me esconder, porque eu estava me sentindo péssima.

Eu conhecia o sentimento de rejeição. Já tinha estado nessa posição algumas vezes. Sabe, as pessoas te amam quando você tem alguma coisa que elas querem. Todo mundo é seu amigo quando você tem um estoque de doces. Depois que os doces acabam, eles vão dizer: "Pode ficar aqui. Nós vamos ali fazer uma coisa e já voltamos."

Uma hora depois, você percebe, no auge dos oito anos, que foi enganada e que aqueles amigos não vão voltar.

Minha mãe dizia para mim: "Você não gostava quando outras pessoas faziam isso com você. Você tem que se lembrar dessa sensação ou sempre vai dar com a cara na parede."

Foi muito bom ter aprendido isso tudo com a minha mãe bem cedo na vida, porque moldou a pessoa que hoje eu sou.

Eu sempre digo que, se algo não está nos Dez Mandamentos, não é um problema sério. As regras são evidentes. Jesus até resumiu tudo em um só mandamento: "Tudo o que vós quereis que os outros vos façam, fazei também vós a eles". Isso significa que você não deve prejudicar outras pessoas se não quiser ser prejudicado. Não faça mal aos outros. Simples assim. É dessa forma que eu tento ao máximo viver, porque era assim que a minha mãe encarava a vida, o que é impressionante, levando em consideração que ela provavelmente teve que suportar muita merda naqueles dois anos no hospital.

Eu nunca ouvi a minha mãe gritar com ninguém, nem antes nem depois dessa época. Ela não era de gritar. Mas eu sabia quando ela estava com raiva. A expressão em seu rosto se transformava, e o sol desaparecia. Ficava um pouco nublado, fazia frio. Mas ela nunca gritava ou fazia escândalo. Apenas se retirava.

Ela aconselhava Clyde e eu a nunca iniciarmos uma briga. Ela dizia: "Não bata em ninguém, nem mesmo em um homem. Você nunca sabe se ele vai te bater depois."

Mas ela também dizia que, se alguém me batesse primeiro, eu tinha que revidar até poder escapar. Ela insistia em não começar uma briga, mas sabia que "dar a outra face" não ajudaria se alguém quisesse nos machucar.

Minha mãe não costumava impor suas convicções a ninguém. Ela aceitava o fato de que cada um tem uma realidade diferente e, contanto que ninguém tentasse invadir seu espaço, ela ficava bem, seguindo o seu caminho.

Ela conheceu inúmeras pessoas e, por isso, sabia que, no mundo, havia muitas pessoas bondosas e gentis. Minha mãe me ensinou que as pessoas sempre ajudam quem pede ajuda. Era assim na periferia onde eu morava quando era pequena. Às vezes, um vizinho estava desempregado ou passando por dificuldades. Os outros se uniam para dar à pessoa uma caixa com o que ela precisasse. Ou então alguém aparecia de repente e perguntava: "Oi, eu tenho (qualquer coisa) a mais. Você quer?"

Para a minha mãe, se alguém soubesse de uma pessoa necessitada e tivesse condições de ajudá-la, era isso que deveria fazer. E alguém que foi ajudado deveria retribuir a gentileza e amparar outra pessoa.

Ela acreditava na humanidade das pessoas porque, naquela época, na década de 1960, as coisas estavam mudando. As mulheres estavam lutando por direitos, inclusive por coisas simples como abrir uma conta bancária sem um marido. Minha mãe estava lá, com cartazes, fazendo reivindicações e protestando com outras mulheres.

Todas elas enfrentaram a resistência de quem desejava manter as crenças tradicionais de que mulheres não deveriam fazer as próprias escolhas, ter empregos e escolher como queriam se sustentar. Minha mãe era da seguinte opinião: se você tem fome, se precisa de um teto, se tem filhos para cuidar, então deve fazer o que for preciso. Precisa trabalhar, onde quer que seja. Ela não costumava fazer julgamentos, principalmente a respeito de terceiros.

Já adulta, eu tinha várias amigas que eram profissionais do sexo.

Um dia, uma delas perguntou a Ma: "Eu te deixo... sabe.. incomodada, por causa do meu trabalho?"

"Por que isso me deixaria incomodada?", minha mãe perguntou, como sempre, respondendo uma pergunta com outra.

Minha amiga respondeu: "Bom, eu não quero aborrecer você."

Minha mãe disse: "Não. Por mim, tudo bem o que você faz, contanto que não fique jogando bolinhas de ping-pong em mim com a vagina. Isso me deixaria um pouco incomodada. Fora isso, por mim tudo bem."

Algumas vizinhas nossas costumavam ignorar a minha mãe. Ela não era como elas. Não gostava de fazer fofoca ou ficar falando mal dos outros.

Ela passava seu tempo escrevendo, lendo e aprendendo a tocar piano sozinha. Minha mãe parecia ficar bem sozinha, fazendo as coisas do seu jeito, por isso algumas das outras mulheres desconfiavam dela.

Com certeza, a relação da minha mãe com essas mulheres era bem mais complicada do que eu, como criança, ficava sabendo. Mas minha mãe nunca falava disso. Ela tinha um círculo fechado de amigas: sua prima Arlene e algumas poucas vizinhas. Ela não precisava ser popular, nunca.

Quando eu estava ensaiando a minha primeira peça na Broadway, essas mesmas mulheres falavam com escárnio para a minha mãe: "A *sua* filha ficou famosa? A *sua* filha?"

Depois que a peça estreou, várias dessas mulheres chegaram dizendo: "Meu Deus, eu não consigo acreditar. Que bom para a Caryn! Eu queria muito ver a peça dela."

Minha mãe me ligou e perguntou: "Posso te pedir seis ingressos?"

"Acho que não tem problema", eu disse. "Me disseram que eu tenho direito a lugares reservados. Posso conseguir. Quem você quer levar?"

Ela disse os nomes das mulheres que ia convidar.

Eu reclamei: "Está falando sério? Por que quer dar ingresso a essas mulheres?"

"Olha, é muito importante que eu as leve ao teatro. É muito importante que eu seja a pessoa que espero ser."

Então eu disse: "Está bem."

Ela me disse: "Só para você saber, eu vou te pedir outras vezes."

Ela levou as mulheres ao teatro em grupos de quatro ou cinco, para que pudessem ver a peça de graça. No final, elas me visitavam nos bastidores e depois a minha mãe saía com elas para beberem vinho branco. Ela dava risada e bebia com as mulheres que, por vinte e sete anos, partiram seu coração. Ela nunca dava a entender que havia um problema.

De repente, todas elas decidiram que queriam ser as melhores amigas da minha mãe. Todas queriam sair com ela.

Então ela respondeu: "Bem, eu não sou assim. Não faço as coisas dessa forma. Mas que bom que você pôde ver a peça da Caryn. Que bom que veio conosco."

Elas entenderam o recado.

Minha mãe, que poderia ter sido bem rude, continuou a vida sem elas.

Quando eu era adolescente, minha mãe me ensinou a fazer isso, a viver bem sozinha.

Eu tenho uma grande amiga, Rosie, desde os tempos de criança, da época da escola. Na adolescência, comecei a me vestir de hippie porque gostava do estilo. Eu usava macacões, camisas envelhecidas e o cabelo no estilo afro puff.

Um dia, estávamos indo ao cinema quando Rosie parou na porta e me disse: "Acho que você deveria trocar de roupa."

"Por quê?", eu perguntei. "Eu gosto desta roupa."

Ela me disse: "Nós vamos ao cinema."

"E daí? Eu não quero mudar de roupa. Para mim, a roupa está boa."

Rosie olhou para o lado.

"O que foi?", eu perguntei.

Ela hesitou e depois disse: "Você está com uma aparência de suja."

"Mas não estou suja. Você sabe disso."

Ela se virou e disse: "É melhor a gente não ir ao cinema hoje."

Eu disse: "Tudo bem. Pode ser."

E ela foi embora.

Eu perguntei à minha mãe: "Eu estava errada?"

E ela respondeu: "Eu não sei. Estava?"

"Por que eu? Por que ela não muda?"

"Porque, na opinião dela, ela estava limpa, e você, não. Então, ela te deu uma opção."

"Então, o que você acha disso?"

"O que eu acho não importa", minha mãe disse. "O que importa é o que você acha e como se sente."

Aprendi com as freiras, que eram minhas professoras, que existem o certo e o errado. Aprendi também que era melhor não fazer coisas erradas pois eram pecado e, dependendo da gravidade, Deus castigaria você.

Minha mãe me ensinou algo mais eficaz. Ela me ensinou a tomar as minhas próprias decisões, algo que ninguém poderia fazer por mim. E depois eu teria que aceitar as consequências emocionais de minha escolha. Eu precisava assumir as minhas escolhas. Não podia fingir que não sabia o que estava fazendo. Eu não precisava temer um castigo de Deus, precisava apenas ponderar se seria capaz de viver comigo mesma e com as consequências das minhas escolhas.

Graças à minha mãe, eu sempre fui eu mesma. Eu agia conforme me sentia. Ela nem sequer me contava o que pensava sobre Deus.

Uma vez, eu perguntei a ela: "Você acredita em Deus?"

Ela acendeu um cigarro e perguntou: "Quem quer saber?"

"Eu. Só eu. Estou perguntando."

Ela rebateu: "Sim, mas você está perguntando para quem?"

E eu respondi: "Ma, estou perguntando para mim."

"Está mesmo? Tem certeza?"

"Sim, Ma. Tenho certeza."

"Tudo bem", ela disse. "Porque às vezes, sabe, nós fazemos perguntas porque queremos nos esconder na opinião alheia em vez de pensarmos sozinhos."

Eu respondi: "Não, eu apenas queria saber se você acredita em Deus."

E ela respondeu: "Bem, eu acredito no meu Deus."

E eu perguntei: "O seu Deus é diferente do Deus das outras pessoas?"

Ela respondeu: "Acho que, às vezes, sim."

Ma era perspicaz. Pois é. Minha mãe era bem perspicaz. Ela não falava tudo o que pensava. Não esperava que Deus descesse dos céus e nos salvasse. Também não achava que nós podíamos culpá-lo pelas confusões criadas pelos humanos.

Segundo a minha mãe, se você acredita em Deus, deve crer também que Deus é inteligente e que nos criou inteligentes o bastante para saber como conduzir nossa vida.

# Capítulo Nove

Por conta da minha idade e do estágio que atingi na carreira, as pessoas costumam me perguntar: "Tem algum papel que você gostaria de interpretar?"

Eu tenho a minha resposta.

Um monstro.

Isso geralmente provoca nas pessoas um olhar de desconfiança.

Eu não me refiro a uma vilã ou uma sogra azucrinante. Não é uma metáfora. Quero interpretar um monstro de verdade.

Os filmes de terror correm nas minhas veias. Eu gosto deles. Eles me deixam feliz. Não que eu goste de terror *slasher*[*]. Não quero ter medo de nada parecido com a realidade. Mas gosto de assistir ao bom e velho Drácula ou algum terror japonês com um réptil gigante.

Quando eu era criança, assistia ao *Chiller Theatre* na televisão todo sábado à noite. Era exibido na wpix, canal 11 em Nova York. O apresentador era John Zacherle, um cara com o rosto encovado e olhos estranhos, todo vestido de preto. Ele era fantástico, o homem

---

[*] Subgênero de filmes de terror que envolvem psicopatas que matam em série.

mais assustador que eu já tinha visto. Ele apresentava o filme da noite e voltava nos intervalos comerciais. Os intervalos eram exibidos ao vivo, então nós nunca sabíamos o que ia acontecer com ele.

Minha mãe, Clyde e eu fazíamos a nossa pipoca Jiffy Pop antes dos créditos iniciais do programa, que mostrava uma mão cinzenta, com aparência cadavérica, emergindo do solo árido do deserto.

*Godzilla*, *As criaturas de Tollenberg*, *Mothra*, *O lobisomem* e coisas como sanguessugas gigantes que caíam dos prédios de Nova York me pegavam de jeito. Eu não sabia que esse gênero de filme era chamado de terror. Eu achava que eram bons filmes que, por acaso, eram assustadores.

Os filmes de terror da Hammer também eram exibidos quando eu era mais jovem: *Drácula* – O príncipe das trevas, *Epidemia de zumbis*, *O beijo do vampiro*, *A górgona* e vários outros incríveis. Primeiro, nós assistimos no teatro da RKO na esquina da rua 23 com a Oitava Avenida. Alguns anos depois, eles eram exibidos na televisão. Até hoje eu procuro na programação da televisão para ver se algum deles está passando.

É verdade que o enredo é muitas vezes ridículo. Mas mesmo assim, nos deixam assustados. Temos aquela sensação generalizada de uma surpresa ou um susto podem vir a qualquer momento. Como em *Trilogia do Terror*, no qual Karen Black é atacada por uma boneca de madeira de trinta e cinco centímetros. É uma boneca caçadora do povo Zuni que ganha vida e ataca as pernas de Karen com uma faca enquanto caminha pela sala de estar. Depois, a boneca consegue entrar no quarto trancado para atacá-la novamente, fazendo sons animalescos coaxantes. Em algum momento, parece ridículo que a mulher esteja presa no próprio apartamento e que não consiga abrir a janela e jogar a boneca para fora, mas a história é assim, e nós só podemos aceitar. Você pode achar que uma boneca feia com dentes pontiagudos ganhando vida não é tão assustador assim, mas, na verdade, é.

Foi assim quando eu vi *Tubarão* no cinema quando era adolescente. No início, me lembro de pensar *Ai, meu Deus, vou ver um filme sobre um tubarão?* Mas, chegando lá, tinha aquela música que simulava um coração batendo, e as pernas da garota balançando embaixo d'água, e você sabe que um tubarão enorme está espreitando por ali. É de tirar o fôlego. Parece que o nosso cabelo vai saltar da cabeça. Você quer gritar, mas não consegue. É tudo muito bem feito. Para falar a verdade, tenho certeza de que não sou a única que, por causa do filme, só entra no mar com a água até os joelhos.

Eu via também os filmes de Hércules com o fisiculturista Steve Reeves no papel principal. Sabe, quando você consegue amarrar correntes ao redor de colunas romanas e derrubar todo o edifício com seus músculos, bem... isso é impressionante. Eu gostava de vê-lo usar aqueles bíceps impressionantes para acabar com a injustiça.

Além do programa *Chiller Theatre* e dos seriados de televisão e vários outros programas, *Million Dollar Movie* era exibido na WOR-TV no canal 9. O mesmo filme era exibido durante todo o sábado, a partir das nove da manhã. Como minha mãe, Clyde e eu éramos viciados em filmes, nós adorávamos assistir. Eu era capaz de ver o mesmo filme três vezes seguidas se conseguisse não ser descoberta.

Eles exibiam uma ampla variedade de filmes, de *King Kong* a *A canção da vitória*. Eu reparava em tudo, o modo como tudo funcionava, via Greta Garbo, Charles Boyer ou Katharine Hepburn em um filme e, depois, os via em personagens completamente diferentes, talvez com sotaques diferentes, em outro filme.

Eu conhecia séries incríveis como *Eu adoro Lucy* e *The Danny Kaye Show*. Desde muito jovem, eu já sabia que queria atuar. Na época, parecia uma profissão incrível. Era como mágica.

Naquela época, eu também descobri os artistas que interpretavam a si mesmos, assistindo aos ótimos comediantes dando seu show. Eu absorvia tudo dos gigantes: Moms Mabley, Totie Fields, Alan King e Don Rickles. Eles me faziam dar altas risadas.

Eu não sei se alguém perguntou à minha mãe durante a infância o que queria ser quando crescesse. Provavelmente, naquela época, ninguém fazia esse tipo de pergunta às crianças. As opções eram escassas. Acho que minha mãe decidiu que, se tivesse filhos, faria diferente com eles; sem se importar com quais seriam seus interesses, ela conversaria com quem quer que fosse para tentar descobrir como fazer acontecer. Para ela, as crianças sempre deveriam ser ouvidas, e seus desejos, atendidos, pelo menos algumas vezes.

Graças ao apoio de minha mãe e de seu encorajamento, eu comecei a me apresentar aos oito anos no Teatro Hudson Guild no Chelsea. As peças eram exibidas em um auditório perto do centro de serviços comunitários, então eu podia ir até lá e voltar para casa sozinha. Era tudo que eu amava fazer. Nós podíamos encenar em peças infantis ou interpretar crianças em peças de adultos. Eu gostava de poder ser qualquer pessoa de qualquer lugar em qualquer período da história. Adorava atuar. E eu adoro contar histórias.

Depois de participar de algumas peças no Hudson Guild, eu fiz testes para outras produções. Quando era adolescente, participei das audições de uma peça com direção de Vinnette Carroll, a primeira mulher negra a dirigir uma peça na Broadway. Ela também era dramaturga e diretora artística do Urban Arts Corps, fundado por ela na década de 1960.

Depois do teste, ela me selecionou. Eu descobri que tinha conseguido o papel na segunda-feira. Então, Vinnette ligou para a minha casa na terça-feira.

"Me desculpe, querida", ela disse. "Eu mudei de ideia. Vai ter que ser desse jeito."

De repente, o papel não era mais meu.

Quando a minha mãe chegou do trabalho, eu tive que contar a ela sobre o telefonema de Vinnette.

Ela perguntou: "O quê? O que aconteceu?"

Eu não tinha uma resposta. Não sabia o que tinha acontecido. Acho que fiquei devastada demais para perguntar.

Para a minha surpresa, minha mãe ficou chateada. Ela foi até o teatro conversar com Vinnette Carroll, por assim dizer.

Nada mudou. Eu ainda tinha perdido o papel. Alguém que Vinnette esperava finalmente apareceu para fazer o teste depois que ela me selecionou.

Minha mãe se sentou para conversar comigo na mesa da cozinha.

"Vai aparecer outra coisa para você. Isso foi inesperado, mas outras oportunidades virão. Você só precisa continuar."

Eu recebi esse choque de realidade anos antes de iniciar a minha carreira no cinema, então, no fim das contas, acabou me beneficiando. Porque, para quem é ator ou atriz, esse tipo de coisa acontece em algum momento da vida. E, na maioria das vezes, ninguém explica por quê. Você só precisa seguir em frente.

No ensino médio, eu entendi que aquele método de ensino não era eficaz para mim.

A princípio, minha mãe me encarou como se dissesse *Vamos lá, você consegue fazer isso.*

Mas ela aceitou o fato de que não era porque não queria; eu não conseguia.

Quando terminei o segundo ano do ensino médio, eu disse a ela que não queria mais ir para a escola. Eu sabia que não era o que ela queria ouvir. A minha mãe era professora. Mas ela me ouviu.

"Se você acha que é isso que precisa fazer. Eu não gosto dessa ideia", ela me disse. "Mas sei que você provavelmente não faria isso se conseguisse aprender de outro jeito."

Cada dia, se tornava mais difícil para mim. Ela sabia que eu falava sério porque fui franca com ela.

"Tudo bem", ela disse. "Você não está escondendo que não está mais indo. Está me contando. Então, se você abandonar a escola, vamos fazer um acordo."

Como a educação e a aprendizagem eram essenciais para a minha mãe, ela não queria se preocupar com o que eu faria fora da escola. Eu sabia que ela tentaria, de alguma forma, se contentar com aquilo também.

Ela me disse: "Vamos procurar e achar coisas que sejam do seu interesse. Mas você precisa assistir a palestras ou ver exposições, e precisa passar algum tempo aprendendo toda semana."

Nossa rotina era a seguinte: aos domingos, nós sentávamos com os jornais, e ela dava uma olhada no que estava acontecendo na cidade. Enquanto ela lia as opções, eu anotava o que me interessava.

"Muito bem. Na terça-feira, vai acontecer uma palestra sobre direitos civis na biblioteca. E tem uma exposição no museu de história moderna e uma palestra na quinta-feira."

Toda semana, eu escolhia entre cinco e dez palestras ou exposições gratuitas e prometia à minha mãe que compareceria para complementar a minha educação. Esse foi o nosso acordo, que eu cumpri por alguns anos.

Naqueles anos, como não precisava mais usar o uniforme da escola, pude encontrar o meu estilo. Os hippies tinham chegado ao Chelsea, e eu nunca tinha gostado mesmo de usar sutiã. Eu comprava calças largas e macacões em lojas de liquidação e usava blusas de segunda pele. No meu cabelo natural, usava toucas coloridas. Minha mãe deixava eu usar o que quisesse, mas levou um tempo para se acostumar com o meu cabelo.

Muitos jovens no bairro, tanto homens quanto mulheres, estavam começando a usar o cabelo afro. Ninguém falava sobre isso. Aconteceu naturalmente. Mas demorou algum tempo. A geração da minha mãe foi criada com a ideia de que precisavam se parecer com as pessoas brancas, porque, por algum motivo, nosso cabelo natural não era atraente. Tinham que explicar às pessoas sobre seu próprio cabelo. Como eu já comentei, quando minha mãe trabalhava no hospital, alisava o cabelo todos os dias. Ela esquentava um pente de ferro na boca do fogão, penteava o cabelo com um pouco de pomada capilar da Royal Crown e alisava. As coisas eram assim, ponto-final. Mas, aos poucos, tudo começou a mudar.

Nos fim da década de 1960 e no início dos anos 1970, por toda a cidade, havia pôsteres com os dizeres "Black Is Beautiful" [em português, Negro É Lindo], e James Brown cantava sobre o orgulho de ser negro. Acho que, na nossa casa, a questão de sermos bonitos ou não nunca foi uma preocupação. Nós éramos, apenas. Não costumávamos ter esse tipo de conversa.

Um dia, eu saí do banheiro usando o meu cabelo em um afro curto. Minha mãe olhou para mim. "Aonde você vai?"

Eu disse que ia sair de casa.

"Então vamos ter que falar do seu cabelo agora? Você está querendo afirmar alguma coisa com esse penteado?"

Para falar a verdade, eu estava apenas experimentando um novo estilo. Várias pessoas tinham começado a usar o cabelo daquele jeito, e eu achei bonito. Não tinha perguntado à minha mãe sobre o meu novo estilo de cabelo. Simplesmente comecei a usar daquela forma. E agora ela queria conversar sobre isso.

Mas, quando eu parei para escutar o que minha mãe queria dizer, ela não quis mais falar. "Não importa. Você tem todo o direito de sair e ser vista como quiser. Então, se o que está na sua cabeça te deixa confortável, eu não vou dizer mais nada."

Um ano depois, ela mesma estava usando um afro curto, em êxtase por não precisar mais usar o pente quente.

Geralmente, minha mãe achava que eu deveria usar aquilo que me fizesse sentir eu mesma.

Uma vez, eu vi um filme com Peter Sellers que foi lançado quando eu era jovem, chamado *O mundo de Henry Orient*. Ele interpreta um pianista famoso e excêntrico que é perseguido por duas adolescentes que têm uma paixonite por ele. Uma dessas adolescentes usava um casaco de pele o tempo inteiro. Eu gostei do estilo e procurei por um casaco daqueles em um brechó. Acho que custava dezesseis dólares, então não pude comprar na hora. Por mais que parecesse peculiar usar um casaco de pele com calças largas, a minha mãe me acompanhou até a loja e pagou pela diferença.

Quinze anos depois, após terminar de gravar *A cor púrpura*, eu quis dar à minha mãe algo que ela sempre quis. Finalmente, eu tinha dinheiro para realizar um sonho dela.

Um dia, perguntei a ela: "O que você sempre quis que nunca pensou que conseguiria?"

Ela rebateu: "Sério? Por que está me perguntando isso?"

Eu respondi: "Ma, eu quero saber! O que você sempre imaginou que precisava ter um dia?"

Ela tinha uma resposta: "Bem, eu sempre quis um chapéu coco de castor."

Eu perguntei: "Ah, o que é isso?"

Ela repetiu como se eu não tivesse ouvido bem. "Um chapéu coco de castor."

"Eu não sei o que é isso."

Minha mãe me lançou um olhar de reprovação e continuou: "Você sabe o que é um chapéu coco, não sabe?"

"Sei."

"Bem, é um chapéu coco feito de pele de castor. E vem dentro de uma caixa junto de uma escovinha para deixá-lo sempre arrumado."

Tenha em mente que isso aconteceu no início dos anos 1980, antes da campanha do PETA pelo fim do uso de pele na indústria da moda. O chapéu coco de castor não é um item muito popular nos Estados Unidos, então eu tive que encomendar um da Europa. Minha mãe usava aquele chapéu o tempo inteiro.

A outra coisa que ela queria muito era um casaco de pele de arminho. A pele de arminho é uma das mais luxuosas que existem. Eu comprei para ela com muito prazer, mas nunca a vi usar o casaco fora de casa, até mesmo nos anos 1980.

Um dia, passando pelo quarto dela, vi o casaco estendido no pé da cama.

"Ma, o que você vai fazer com o casaco de arminho? Por que você não usa?"

Ela respondeu: "Eu não queria o casaco para usar."

"Tudo bem", eu disse. "Então o que vai fazer com ele?"

Foi quando ela me mostrou. Ela me disse para ir até o hall de entrada da minha casa em Los Angeles. E eu fui.

Então ela apareceu no topo da escada com o casaco de pele em uma das mãos, arrastando no chão. Pôs a outra mão no corrimão e lentamente desceu a escada, arrastando o casaco, degrau por degrau, atrás dela.

Eu caí na risada. A gente deve ter assistido a uns cem filmes da década de 1930 no *Million Dollar Movie*, com protagonistas — Greta Garbo, Carole Lombard, Marlene Dietrich ou Bette Davis — que lentamente desciam as escadas, com o casaco de pele arrastando nos degraus atrás delas.

No início da década de 1990, quando as pessoas começaram a jogar tinta em mulheres que usavam casacos de pele, minha mãe ficou indignada.

Ela disse: "Essas coitadas tiveram uma única chance de ter um casaco de pele. E aí surge alguém e joga tinta neles."

Ela se conhecia muito bem. Disse que nunca daria a ninguém a oportunidade de jogar tinta em seu precioso casaco. Disse que, se isso acontecesse, haveria uma briga.

Por isso, ela usava o casaco como uma manta na cama e, de vez em quando, graciosamente o arrastava enquanto descia pela escada. Minha mãe não era atriz, mas definitivamente sabia brilhar!

# Capítulo Dez

QUANDO O CARRO CRUZOU A FRONTEIRA entre Nova York e Nova Jersey, eu pensei *O que estou fazendo?* Eu me sentia muito insegura, mas resolvi não dizer nada.

Eu e minha filha, Alexandrea, que na época era um bebê, estávamos no banco de trás de um carro a caminho do Texas, e depois partiríamos para a Califórnia. Nos bancos da frente, estavam dois homens, ambos atores, um deles eu conhecia muito bem. Ele tinha atuado na peça *Long Day's Journey into Night*, em um teatro onde a minha mãe trabalhava como zeladora. Ele era um cara bacana, e nós éramos próximos.

Um dia, ele me disse: "Eu tenho um filho quase da idade da sua filha. Você moraria na Costa Oeste? Iria para a Califórnia?"

A ideia era que eu o acompanhasse para cuidar das crianças enquanto ele trabalhava como ator. Para mim, era uma oportunidade de viver na Califórnia, um lugar que eu sempre quis conhecer. Eu só imaginava Los Angeles. Esse era o meu único plano. Eu não sabia dirigir, não tinha onde morar, a não ser a casa desse amigo, por um tempo. Também não tinha dinheiro para comprar um carro ou alugar um apartamento. Então, trinta minutos após iniciar aquela jornada pelo país, comecei a achar aquela ideia absurda. Mas, como a minha mãe sempre me ensinou, eu tinha que aceitar as consequências da minha escolha.

Desde que havia abandonado a escola, a única coisa que eu queria fazer era atuar, mas eu não tinha ideia do que precisava para me tornar uma atriz profissional. Ninguém me deu detalhes de como iniciar uma carreira, e eu só fazia os testes para os papéis que estivessem disponíveis.

Na adolescência, quando estamos tentando compreender a vida, às vezes desenvolvemos hábitos que preferíamos não ter. Aos dezesseis anos, eu comecei a usar drogas para me sentir melhor e acabei me tornando dependente. Todo mundo sabe como essa história termina.

Por sorte, ou algo do tipo, eu passei a frequentar um centro de apoio juvenil na Rua 18. Durante o dia, havia atendimentos de orientação para dependentes químicos. À noite, funcionava como um local de apoio para que os jovens se reunissem e se mantivessem longe do perigo. Eu já conhecia o perigo e tinha tentado me livrar dele, mas ia até lá para ouvir as pessoas contarem por que fizeram o que fizeram e como conseguiram se libertar.

Após algumas semanas, eu comecei a pensar *Eu também não quero mais usar drogas. Quero ficar limpa.*

Eu entrei em um programa de reabilitação de drogas, e isso me levou ao meu primeiro casamento. Aos dezoito anos, eu me casei com o meu orientador da reabilitação. Ele era fantástico, e o casamento fez sentido para mim na época, mas eu lembro de minha mãe perguntando: "Você tem certeza mesmo de que quer fazer isso?"

Sabe, eu era jovem e achava que estava fazendo o que esperavam que eu fizesse. Além disso, já tinha aceitado a proposta. Eu não sabia como era estar apaixonada. Ele parecia apaixonado por mim, então eu não questionei.

Um ano depois, minha mãe me levaria ao hospital para dar à luz minha primeira filha. Na década de 1970, nós entrávamos sozinhas na sala de parto: ficávamos lá, com algumas enfermeiras e o médico. Hoje em dia, dá até para levar uma equipe de filmagem, ou uma fanfarra se quiser.

Minha mãe me disse: "Olha, você vai ficar lá sozinha. Se precisar gritar, grite à vontade."

Então eu pensei que tudo ficaria bem. Eu sabia que ia doer. Mas eu estava acostumada a ter fortes cólicas menstruais, então achei que estivesse preparada.

Ninguém está preparado para esse tipo de dor.

Eu me queixei, mas a enfermeira me silenciou, dizendo: "As mulheres fazem isso todo santo dia, o dia inteiro. Está chorando por quê?"

Não foi por acaso que eu só dei à luz uma vez. Isso demonstra o grau da dor que eu senti. Ninguém tem a mínima noção do que é enfrentar o trabalho de parto até passar por isso. Todo mundo diz que é um processo natural. Mas ninguém diz: "Olha, isso é o mesmo que tentar enfiar uma televisão de dois metros por um buraquinho. Boa sorte!"

Dizem que, depois de um tempo, é comum esquecer o parto. Nem pensar. Essa lembrança nunca vai me abandonar.

Depois do parto, eu passei dois dias no hospital. Nenhuma empatia era esperada das enfermeiras, que diziam: "Como assim, você não se sente bem?" A cada duas horas, Alex era trazida em um berço hospitalar para que eu pudesse alimentá-la. Eu fiz o que pude para amamentar Alex, mas ela estava mais interessada em observar tudo ao redor. Ela não queria se agarrar ao meu seio. E, quando eu finalmente consegui, ela me mordeu e não quis mais soltar.

Foi o suficiente para me fazer desistir.

"Não precisa se preocupar", minha mãe me disse. "Você pode dar fórmula a ela."

Depois de alguns anos de casamento, eu percebi que aquilo não era para mim. Eu gostava do meu marido, mas não acreditava muito no nosso "até que a morte nos separe".

Além disso, eu pensei que ele compreendesse que o sonho da minha vida era atuar. Mas não era o caso.

Por isso, eu voltei para a casa da minha mãe e disse a ela: "Eu não gosto da vida de casada."

Ela respondeu: "Bem, talvez seja porque você nunca quis de fato casar. Mas, mesmo assim, casou."

Eu disse: "É, talvez, pode ser." Mesmo sabendo que ela estava certa.

Bem antes do casamento, ela me perguntou: "Você tem certeza disso?" Pensei que seria melhor se fizéssemos tudo do meu jeito. Eu adorava a minha filha, mas não queria ser apenas esposa e mãe.

Quando eu disse à minha mãe que eu viajaria de carro para a Califórnia com dois atores, ela disse: "Você sabe que, se você for e não gostar, para mim, vai ser difícil te ajudar a voltar porque eu não tenho dinheiro."

Eu ainda pensava que seria melhor fazer as coisas do meu jeito.

Respondi: "Bem, vamos ver o que acontece".

Eu terminei em Lubbock, Texas, por dois ou três meses, enquanto os atores encenavam uma peça de teatro acompanhada de jantar. Depois que o espetáculo saiu de cartaz, o ator que era meu amigo disse que nós iríamos para a Califórnia.

Quando nós chegamos lá, eu disse: "Espere aí. Não estamos em Los Angeles."

Ele respondeu: "Estamos em San Diego. Nós vamos ficar aqui."

Eu conhecia Hollywood, conhecia Los Angeles. Nunca tinha ouvido falar de San Diego. Mas era onde eu ia morar. Meu amigo fazia parte de uma nova companhia de teatro chamada San Diego Repertory Theatre, que estava em seu primeiro ano de atividade. Eu entrei no grupo, a princípio auxiliando nos bastidores e depois fui selecionada para atuar nas peças. Depois de um tempo, a companhia se tornou uma das principais de San Diego, com três palcos e galerias de arte. Mas, em 1977, nós fazíamos as peças em qualquer espaço disponível.

Depois de alguns meses, eu sabia que não queria continuar vivendo na mesma casa que aquele ator. Eu mantinha minha mãe atualizada da minha situação, mas não disse que não tinha a mínima noção de como resolvê-la. Eu tinha que dar um jeito. Tudo o que eu sabia era que eu tinha uma filha e que a gente não pode perder o controle quando tem que cuidar de uma criança.

Algumas pessoas que eu conhecia em San Diego me sugeriam: "Já que você tem uma filha, deveria pedir assistência do governo."

Eu fiquei perplexa. Essa era a pior opção. Minha mãe nunca pediu auxílio do governo.

Eles me encorajavam: "Hoje em dia, as coisas são diferentes. Olha, você precisa de dinheiro para sustentar a si mesma e a sua filha e para pagar o seguro de saúde. Além disso, você devolve esse dinheiro com os seus outros empregos."

Eu pedi auxílio social porque sabia que eles tinham razão. No fim das contas, recebia 127 dólares por mês e alguns cupons para comprar comida. E foi assim que eu dei o meu jeito. Eu tinha outros trabalhos extras, mas precisava ser cautelosa porque eles descontavam o que eu ganhava no pagamento do próximo auxílio.

Minha mãe perguntava: "Como estão as coisas?"

Por fim, contei a ela que recebia assistência do governo.

Eu sabia que a minha mãe não aprovava a minha escolha. E eu me sentia muito, muito diminuída por isso.

Então a minha mãe, como sempre, disse: "Pare de pensar no que eu acho das coisas. É o que precisa ser feito. Você precisa cuidar da sua filha, então vai fazer o que for necessário."

Naquela época, era possível alugar um lugar muito bom com pouco dinheiro. Alguém tinha me recomendado a um casal inter-racial que vivia perto do Balboa Park, eles alugavam três pequenas residências independentes em sua propriedade. Eles tinham gêmeos que se pareciam com Alex, e viver perto deles seria ótimo para os filhos deles e para a minha filha. Eles alugaram uma das casinhas para mim. Era

PARTES DE MIM *133*

um imóvel bem bonito, parecia até uma encantadora casa na árvore, porque tinha dois gigantes troncos que atravessavam o deck. Era uma casa minúscula, com apenas um quarto, uma sala pequena, um banheiro e uma cozinha, mas era o primeiro lugar que era meu. Eu me sentava no deck com Alex e me sentia muito sortuda, principalmente porque as pessoas se prontificavam a me ajudar. Consegui uma bolsa para um curso de cosmetologia e cabeleireiro. Comprei um ciclomotor de segunda mão e tirei a carteira de motorista. Antes das minhas aulas no curso de cabeleireiro, eu levava Alex para a pré-escola.

Eu trabalhava como cabeleireira de dia e no teatro à noite, e conseguia sobreviver com alguns cupons de comida e os trinta dólares semanais da assistência social.

Anos depois, minha mãe me contou que se preocupava comigo, mas disse: "Eu não podia fazer nada. Eu também não tinha dinheiro. Não podia te ajudar. Então, pois é, achei que você conseguiria se virar."

Depois que consegui papéis em alguns filmes, eu enviei um cheque para o estado da Califórnia, para retribuir a assistência financeira que eles me deram. Graças a essa ajuda, eu consegui sobreviver a momentos de dificuldade. Essa assistência ampara muitas pessoas. É muito necessária.

Quando comecei a ganhar visibilidade no teatro, eu decidi que queria um nome que soasse mais interessante. Caryn Johnson era comum. Algumas pessoas na companhia me chamavam de Whoopi porque às vezes eu deixava escapar um pum. Eu adicionei ao nome artístico "Cushione", almofada, em inglês, com uma pronúncia francesa. Quando eu recebi uma boa crítica do jornalista Welton Jones, enviei à minha mãe.

Quando conversamos ao telefone, ela perguntou: "O que é isso de Whoopi Cushione?"

"Ah, é tipo um apelido. É tipo 'whoopee cushion', almofada de pum, com um sotaque francês."

Ela rebateu: "É, eu percebi. Mas por quê? Por que Whoopi?"

Então eu expliquei toda a situação dos puns.

"Bem, se você quer mudar de nome e quer ser levada a sério, precisa de um nome mais relevante", minha mãe me avisou.

Eu disse: "Ah, é mesmo, senhora especialista em nomes de celebridades? Qual nome acha que eu deveria escolher?"

Ela disse: "Ah, você deveria usar algum nome da sua família. Que tal Goldberg? Tem certo charme."

Esse se tornou o meu nome. Somente a minha família e alguns conhecidos da juventude ainda me chamam de Caryn.

Na San Diego Rep, eu conheci um homem muito criativo, Dave, que tinha vindo de Berkeley para fazer uma peça. Ele era membro de um grupo de teatro vanguardista chamado Blake Street Hawkeyes, e me convidou para viver no norte do estado para trabalhar com eles.

Embora eu quisesse mesmo chegar até Los Angeles, não era para lá que a vida estava me levando. De San Diego, eu contornei Los Angeles e fui direto para os arredores de San Francisco. Caryn Johnson saiu de San Diego, e Whoopi Goldberg chegou a Berkeley. Eu gostava do Dave. Ele concordou em ajudar a criar a minha filha, que gostava dele, então nós nos tornamos um casal.

No teatro Blake Street, eu vivia cercada de pessoas criativas que me deram mais tempo no palco e a oportunidade de improvisar e elaborar alguns personagens. Criei uns onze ou doze personagens. Comecei a atuar, desenvolvendo vários personagens, fazendo experimentações no palco. Depois de um tempo, eu tinha material suficiente para fazer um monólogo. Eu o intitulei *The Spook Show*, a peça de mistérios, porque o público nunca sabia qual personagem apareceria na peça. As pessoas começaram a aparecer para me ver no palco, e eu adorava. Dave também tinha um monólogo, e nós levamos as nossas peças para a Europa por alguns meses.

No fim das contas, as coisas começaram a dar certo para mim. Uma noite, a vencedora do prêmio Pulitzer Alice Walker, autora de *A cor púrpura*, foi assistir à minha peça. E nós nos conhecemos quando ela foi até os bastidores no final. Ela me contou que havia a possibilidade de o livro ser adaptado para o cinema.

Eu disse a ela: "Eu sei que eu tenho o meu trabalho aqui, mas, se o filme acontecer, eu posso interpretar uma pia de banheiro, a sujeira no tapete. Qualquer coisa. Eu adoraria fazer parte dele."

O Fundo Nacional Para as Artes estava começando a apoiar projetos mais experimentais, e não demorou para eu receber uma carta de David White, o diretor do Dance Theater Workshop, em Nova York. Ele me contou que estavam fazendo uma série de monólogos. Um colega dele tinha assistido à minha peça e a recomendou, então ele estava me convidando para participar do espetáculo em Nova York. Ele me informou que o pagamento era minúsculo e que eu teria que encontrar um lugar para ficar. Ele queria saber se eu estava interessada em participar.

Eu liguei para ele. "Olha, o seu teatro é na rua 17. Eu cresci na rua 26. Com certeza pode contar comigo!"

Eu liguei pra minha mãe. "Eu vou para Nova York porque fui convidada por uns caras da Dance Theater Workshop para apresentar algumas das coisas que eu escrevi nos últimos anos."

Ela ficou feliz quando soube. Fazia uns quatro anos que eu não via a minha mãe pessoalmente. Eu fiquei com ela no apartamento onde morava no conjunto habitacional. Ela estava terminando o mestrado e trabalhava em período integral na pré-escola Head Start.

Ela perguntou: "Você se incomoda se eu assistir às peças?"

Eu disse a ela: "Só para te avisar, eu não sei bem o que esperar."

Como eu pensei, na primeira semana, somente seis ou sete pessoas apareceram. Minha mãe observava a plateia e me contava se visse alguém importante. Aos poucos, o público começou a aparecer.

Certa noite, quando havia somente vinte pessoas na plateia, minha mãe me disse: "Meu Deus! A Barbara Barrie, de *O processo de Julie Richards*, está aqui."

A maioria das pessoas conhece Barbara como a esposa da série *Barney Miller*. Ela é uma atriz fantástica de teatro e cinema, a protagonista branca de *O processo de Julie Richards*, um filme de 1964, em que sua personagem tem um relacionamento com um homem negro, interpretado por Bernie Hamilton. O filme foi polêmico, principalmente no ano em que foi lançado.

Uma semana depois, Mel Gussow publicou uma crítica no *New York Times* que transformou a minha vida. Ele tinha gostado da peça. Bastante.

De repente, a casa estava sempre cheia. Ninguém conseguia mais ingressos.

Um dia, Burt Bacharach, o grande compositor de sucessos como "I'll Never Fall in Love Again" e "Walk on By" assistiu à peça. No outro, a designer Norma Kamali apareceu também. Todas as noites, minha mãe reconhecia um rosto famoso: Anne Meara, Jerry Stiller, Bette Midler, e até mesmo a esposa de Oscar Hammerstein.

Certa noite antes da peça, minha mãe foi aos bastidores e me disse: "Eu preciso dizer uma coisa, mas não quero que você fique ansiosa ou nervosa."

Eu respondi: "Você está me deixando nervosa. O que aconteceu?"

"Quero só te deixar ciente de que Mike Nichols está na plateia."

"O diretor de *A primeira noite de um homem*?"

"Sim. Ele está na direção de dois espetáculos na Broadway. *The Real Thing*, escrita por Tom Stoppard e interpretada por Glenn Close e Jeremy Irons, e *Hurlyburly* também."

Eu fui até o palco e encenei a minha peça. Não sabia como era o rosto de Mike Nichols, então eu fiz o que sei fazer e não pensei muito nisso.

No final da peça, fui para o camarim e me sentei. Minha mãe me perguntou: "Você o viu?"

Bem nessa hora, alguém bateu à porta do camarim.

Minha mãe atendeu e disse: "Mike Nichols está aqui."

Eu fui até a porta, e ele estava lá parado, com lágrimas nos olhos.

O primeiro personagem que eu encenei foi um dependente químico chamado Fontaine, que vai para Amsterdam e visita o esconderijo de Anne Frank, onde observa a citação que afirma que, apesar de tudo, ela ainda acreditava na bondade das pessoas. Ele avista o Oscar que Shelley Winters doou para o museu. Tudo se torna muito real para Fontaine, e isso o transforma.

Mike foi tocado pela performance.

"Eu não sei como explicar", ele disse. "Mas eu estava no último barco que deixou a Alemanha em 1939 antes de proibirem a partida dos judeus."

Vários personagens fizeram Mike chorar, como a adolescente de treze anos que precisa fazer um aborto ilegal sozinha depois de ser expulsa de casa pela família, e a mulher que usa cadeira de rodas e ao dormir sonha ser dançarina.

Judith Ivey, a então protagonista de *Hurlyburly*, uma das peças que Mike estava dirigindo, o levou para ver o meu espetáculo. Ele não fazia ideia do que esperar. E adorou muito do que viu.

Ele perguntou: "Nós podemos conversar em breve?"

Eu respondi: "Sim, é claro."

"Você consideraria levar a sua peça para a Broadway?"

Eu disse: "Eu levaria, sim. Com certeza."

Eu olhei para a minha mãe, e ela estava sentada, comedida, ouvindo Mike falar, um tanto blasé, como se aquilo acontecesse todo dia com ela.

Mike se levantou para sair e disse: "Me dê o seu número. Eu vou ter que resolver como fazer isso e te ligo." Ele me abraçou, depois se virou e abraçou a minha mãe.

Minha mãe fechou a porta, e nós duas gritamos em silêncio porque sabíamos que Mike ainda estava por perto.

Algumas semanas depois, eu encerrei o meu espetáculo. Minha mãe e eu aproveitamos o tempo juntas, dando muitas risadas. Eu disse a ela que a amava e voltei para Berkeley.

Cerca de um mês depois, eu estava em casa, limpando a cozinha, quando o telefone tocou. "Senhorita Goldberg, aqui é o Mike Nichols."

Eu disse: "Sim, eu reconheci a voz."

"Bem, eu consegui um teatro", ele disse. "E meu sócio e eu gostaríamos de trazê-la para Nova York."

"Sério? É mesmo?"

"Sim. Você parece surpresa."

"É, estou surpresa porque pensei que estivesse brincando. Não pensei que faria isso mesmo."

Ele disse: "Não, eu não estava brincando. Nós vamos fazer a peça."

Depois de cinco meses, eu voltei para Nova York para os ensaios de *Whoopi Goldberg* no Lyceum Theatre. Mike conseguiu um apartamento para mim, bem estiloso e antigo, onde morei durante o tempo em que o espetáculo ficou em cartaz. Minha mãe passou esse tempo comigo, já que Alex estava com Dave em Berkeley, para não perder as aulas na escola.

Mike e eu íamos para os ensaios juntos, e minha mãe chegava e se sentava perto de Mike. Ele gostava muito da minha mãe. Os dois se divertiam juntos, conversavam, riam e fumavam cigarros. Na minha opinião, eles eram bem parecidos. Eu nunca contei a Mike sobre o período que minha mãe passou no hospital. Ambos foram crianças sem nada, que tiveram que achar um lugar no mundo e, depois, se tornaram quem estavam destinados a ser. Ambos conquistaram tudo por conta própria.

Fazia uma semana que estávamos ensaiando em um teatro da Broadway, até que, em uma tarde em que eu estava encenando no palco, Mike começou a se remexer na cadeira.

"Posso te interromper?"

"Pode", respondi.

PARTES DE MIM *139*

E ele perguntou, com um longo e profundo suspiro: "Essa história tem um final?"

"Tem. Tem, sim."

"Que bom que você sabe. Porque essa história acabou já faz um tempo."

"Você tem razão", eu disse. "Eu não estou ouvindo a mim mesma porque já fiz isso tantas vezes. Estou muito acostumada."

Mike se aproximou do palco. "Você não pode entrar no piloto automático assim. Precisa estar preparada para qualquer eventualidade porque seu trabalho é improvisar. Não precisa deixar a atuação envelhecer. Não precisa ser tão inflexível."

Eu pedi desculpas e admiti que a performance estava me deixando entediada.

Ele respondeu: "Se está entediada, faça alguma coisa para mudar isso. Pense bem. Você precisa prestar atenção no que está fazendo. Porque, se você não prestar atenção, eu também não vou prestar atenção."

Ele começou a listar os tópicos, e eu mudava de personagem e começava tudo de um jeito diferente, abordando o tópico. Então, Mike dizia outra coisa, e eu fazia o personagem seguir o que ele estava falando. Foi um ótimo exercício para me fazer presente.

Depois disso, nós nos divertimos muito durante alguns dias, e o espetáculo melhorou cada vez mais. Mike me deu permissão para arrasar no palco.

Mesmo fora do palco, Mike sempre me fez sentir como se eu estivesse no lugar certo. Eu não me sentia uma novata. Ele sempre me convidada para ir aos lugares que frequentava. Se minha mãe estivesse lá, o convite era estendido a ela.

Um dia, Mike me disse: "Venha comigo. Vou almoçar com Carl, Paul e Steve."

Eu disse: "Tudo bem. Eles não vão se incomodar se eu for também?"

Ele afastou a possibilidade. "Não, não, não. Eles não vão se importar."

Eu estava pensando que tinha sido convidada para conhecer os amigos dele. Eu também conheço caras chamados Carl, Paul e Steve. Caras comuns.

Eu fui até o restaurante para me encontrar com Mike, e ele acenou para que eu me aproximasse da mesa, onde estava sentado com Carl Reiner, Paul Simon e Steve Martin. Ele me apresentou a eles, embora eu soubesse bem quem eram.

Eu disse a mim mesma, repetidas vezes, *Muito bem, continue respirando. Respire.* Aquilo era fantástico.

E aquele não foi o último almoço ou jantar com os gigantes do showbiz. Graças a Mike, eu tive a oportunidade, no início da minha carreira, de conhecer atores, diretores e produtores, que, sozinha, nunca conheceria.

A melhor parte, para mim, era levar a minha mãe a esses almoços. Mike tratava a minha mãe como se ela fosse uma rainha que havia nos agraciado com a sua presença. Ainda que ela fosse tímida, adorava conhecer aquelas pessoas às quais assistimos ou ouvimos por tantos anos.

Na véspera da minha estreia na Broadway, eu estava caminhando na Sétima Avenida com Nan Leonard, relações-públicas que trabalhava no marketing da peça. Nós estávamos conversando, até que ela me interrompeu.

"Eu quero que você aproveite este momento", ela disse.

"De estar na Broadway?", eu perguntei.

"Não", ela respondeu. "Aproveite o fato de que ninguém sabe quem você é agora. Depois de hoje, tudo será diferente. As coisas vão mudar."

Eu pensei que fosse, sabe, exagero da parte dela.

Ela disse: "Em breve, até mesmo caminhoneiros vão saber quem é Whoopi Goldberg. As pessoas vão te reconhecer."

Eu não acreditava que isso pudesse acontecer. Mas ela tinha razão. O que ela me disse se concretizou.

# Capítulo Onze

QUANDO MIKE NICHOLS põe o nome em um projeto, muitas pessoas aparecem para assistir.

Mike era um especialista em teatro. Ele passou anos no palco improvisando e atuando. No início da carreira, ele fez um espetáculo na Broadway com Elaine May que foi um sucesso. Depois disso, se provou um habilidoso diretor de teatro e cinema. Todo mundo conhecia o nome Mike Nichols. E, antes de ser escolhida por ele, pouquíssimas pessoas sabiam quem eu era. Então posso dizer que tive sorte desde o início.

Cerca de uma semana antes da estreia da minha peça, eu cheguei ao ensaio e vi, ao lado de Mike, um homem pequeno, de cabelos brancos, e sua esposa, uma mulher minúscula e bem vestida. Pareciam o Papai e a Mamãe Noel.

Ao contrário do que sempre fazia, Mike não me apresentou a eles. Apenas disse: "Muito bem. Vamos ensaiar alguns trechos que você quer apresentar. Deixe-me ver."

Então eu fui lá e fiz o que ele pediu. Sem ficar pensando muito nisso. O casal permaneceu lá, rindo e se divertindo.

Então chegou a noite da estreia. Minha mãe me acompanhou no camarim, que estava abarrotado de várias coisas alucinantes: presentes pela estreia, vários buquês de flores, e bilhetes em todas as bancadas, como vemos nos filmes.

Minha mãe começou a ler os cartões dos buquês. Celebridades que eu nunca havia conhecido tinham me desejado "merda". Foi fantástico.

"Essas flores são de Diana Ross", disse a minha mãe, apontando para um grande vaso de rosas.

Eu disse: "Eu não conheci Diana Ross, mas isso é muito incrível."

"Bem, ela sabe quem você é."

Eu fiquei encantada com todo aquele apoio.

Apoiados na parede do camarim, havia dois pacotes embrulhados.

Eu abri o primeiro: era um desenho emoldurado que Hirschfeld fez de mim, na pele de um dos meus personagens. O homenzinho no meu ensaio, parecido com o Papai Noel, era Al Hirschfeld, que foi até lá para desenhar uma caricatura minha. Se você já ouviu falar dele, deve saber que ele começou a esconder nos desenhos o nome da filha, Nina, quando ela nasceu em 1945. Ao lado da assinatura, ele escrevia a quantidade de vezes em que escondeu o nome da filha na arte. No meu desenho, ele escreveu o nome de Nina quarenta vezes, o maior número que já tinha feito. Eu fiquei embasbacada.

O segundo presente embrulhado foi uma tremenda surpresa. Era um presente do Mike e da minha mãe. Durante os ensaios, Mike e eu comentamos sobre o ator Sam Waterston, que protagonizou a peça *Hamlet* em Nova York. Eu tinha visto Sam em várias outras produções quando era mais jovem e contei a Mike que o admirava muito como ator, que adorava vê-lo atuar. Eu sou muito fã do talento incrível de Sam.

Quando eu rasguei o embrulho do presente, vi um pôster emoldurado gigante de Sam Waterston como Hamlet, autografado, com uma dedicatória para mim.

Mike me compreendia. Ele compreendia bastante a minha mãe. Eu não sei por quê. Era assim, simplesmente.

Depois da peça, nós fizemos uma festa de estreia. Eu não estava familiarizada com as tradições da Broadway, e preciso dizer que foi incrível ser celebrada por todos aqueles famosos. Jack Nicholson, Calvin Klein e Liza Minnelli estavam lá.

Em um dado momento, Paul Simon segurou a minha mãe e disse: "Você tem que fazer com que ela aproveite este momento. Quando tudo começou a acontecer para mim e Artie, nós não sabíamos que deveríamos aproveitar. Nós não curtimos. Eu espero que ela entenda isso, não importa o que as pessoas digam a ela. É preciso aproveitar o momento agora porque esta festa só acontece uma vez na vida."

Na mesma hora, minha mãe transmitiu a mensagem para mim. Eu obedeci. Aproveitei o momento e experienciei tudo intensamente.

Ruth Gordon e o marido, Garson Kanin, foram assistir à minha peça. Desde criança, eu era fã dos dois. Eu sempre soube quem eram. Eles disseram: "Você tem que aceitar almoçar conosco."

Eu pensei *Com toda certeza, vou almoçar com Minnie Castevet, de* O bebê de Rosemary, *um dos melhores filmes de terror que eu já vi.* Seu marido era o autor de *Nascida Ontem*, que minha mãe e eu víamos sempre que passava na televisão. *Sem dúvidas, vou almoçar com eles dois.*

Depois da noite de estreia, durante toda a temporada de 156 apresentações da peça, minha mãe e eu fomos almoçar ou jantar com quase todas as celebridades da época. Para mim, ver a minha mãe conhecer essas celebridades era quase mais gratificante do que conhecê-las. Era fantástico observar a minha mãe dividir a mesa com esses atores, artistas e diretores famosos a quem ela assistiu por tantos anos. Tudo o que minha mãe quisesse fazer era o que eu queria fazer também. Eu desejava mais coisas boas para ela do que para mim mesma. Eu queria ter certeza de que ela faria parte dos meus momentos também. Eu queria que ela fosse recompensada com ótimas experiências por todas as vezes que nos levou ao parque de diversões, para ver as

Rockettes, a patinação no gelo, o circo, os museus, os Beatles e todos os dias fantásticos que ela nos proporcionou. Por todas as maneiras como ela enriqueceu a minha infância e a minha imaginação, era assim que eu queria agradecer a ela.

Assim como aquela relações-públicas previu, as pessoas começaram a me reconhecer na rua. Às vezes, eu me beneficiada disso. Geralmente, o tráfego de Manhattan para o bairro da Broadway era muito intenso, e poderia ser arriscado até mesmo pegar um táxi para chegar ao teatro e se preparar a tempo. Muitas vezes, um dos condutores das carruagens me reconhecia e levava minha mãe e eu pelo caminho do Central Park, e nós descíamos no teatro.

Tudo começou a mudar com uma velocidade incrível. Eu entrei para a carteira de clientes de Sandy Gallin, um importante empresário do showbiz. Contratei um agente. Uma nova fase da minha vida estava começando.

Graças a Mike Nichols, eu chamei a atenção de Steven Spielberg. Ele seria o diretor de *A cor púrpura* e me convidou para fazer o teste para a protagonista, Celie. Tudo começou com um longo processo de testes que durou quase um ano. O elenco era gigantesco, e ele tinha muito trabalho pela frente para ajustar tudo. Na época, eu não sabia que ele já tinha decidido que eu interpretaria Celie.

Eu já tinha resolvido que não voltaria para a minha antiga companhia de teatro, Blake Street Hawkeyes, e Dave sabia disso. Mesmo que ele tivesse sido o primeiro a me incentivar quando eu recebi a proposta da Broadway, ele também não queria ficar na reserva, esperando para ver o que aconteceria entre nós. Ele me disse que cuidaria da Alex até eu pôr a vida em ordem, mas estava pronto para seguir em frente, sem aquela responsabilidade.

Eu tinha economizado grande parte do dinheiro que ganhei na Broadway e queria muito ficar perto da minha mãe, que era a minha melhor confidente e sempre me trazia para a realidade. Eu também precisava de ajuda para criar Alex. Minha mãe ainda trabalhava como professora e vivia no nosso antigo apartamento no conjunto habitacional. Eu não sabia o que ela queria fazer. Ela se esforçou muito para concluir o mestrado, e eu não sabia se ela abandonaria o trabalho na Head Start. Mas achei que deveria perguntar.

Telefonei da Califórnia com uma proposta para ela. "Ma, você viria para a Califórnia? Eu estou sempre viajando de Los Angeles para Nova York, fazendo testes, e Alex ainda está na escola. Eu preciso de ajuda."

Ela não hesitou nem por um segundo. "Eu vou. Quando você vai precisar de mim?"

"Vou ser sincera, Ma. Talvez precise de você por aqui durante um tempinho."

"Por mim, tudo bem."

"Ótimo. Muito bem. Assim que você puder vir, posso comprar a sua passagem", eu disse a ela.

Depois de algumas semanas, eu busquei a minha mãe no aeroporto, e ela saiu do avião carregando duas sacolas de papel.

"O que tem nas sacolas?", eu perguntei.

"Tudo que eu quis trazer."

"Cadê as suas malas?"

"É só isso", ela respondeu. "Eu só trouxe isso aqui."

"Mas você deixou o apartamento trancado? O que vai acontecer com as suas coisas?"

Ela parou de andar e olhou para mim. "Olha, eu deixei tudo para trás. Trouxe o que quis. Joguei a chave na lixeira e saí."

"Espera. Você fez o quê?"

Ela falou outra vez: "Joguei a chave na lixeira e fui para o aeroporto."

Eu não conseguia entender. "Mas e todas as coisas da casa? E os livros, os álbuns dos Beatles e o restante?"

"Isto é um recomeço para mim", ela me disse. "Não faria sentido trazer todas aquelas coisas. Além disso, você nunca me disse que queria os álbuns ou qualquer coisa no apartamento, não é?"

PARTES DE MIM  *147*

Nisso, ela tinha razão, e eu não tinha como constestar. "É, entendi. Mas... e os documentos? As nossas certidões de nascimento?"

Minha mãe se sentou no banco da frente do meu Volkswagen Bug. "Nós podemos conseguir outras."

Eu ainda não conseguia compreender o que ela estava me dizendo. "Ma, o que aconteceu com..."

Ela me interrompeu. "Caryn, eu não sei o que você quer que eu diga. Eu trouxe o que quis, e não queria trazer nada mais. Posso comprar o que precisar aqui na Califórnia. Eu não queria trazer o passado para esta nova fase da minha vida."

Então era isso. Não havia nada mais a ser dito. Ela jamais voltou ao conjunto habitacional, e eu não faço ideia de onde as nossas coisas antigas foram parar. Com certeza, alguém faturou uma grana com aqueles primeiros álbuns dos Beatles. Eu achei que minha certidão de nascimento fosse aparecer em algum tabloide, mas isso nunca aconteceu.

Muitos anos depois, quando minha mãe contou o segredo sobre sua perda de memória após a internação em Bellevue, tudo fez sentido. É provável que a mudança para a Califórnia tenha sido a primeira vez que ela se sentiu segura, como se ninguém fosse aparecer para interná-la em um hospital. Ela queria ser livre. Isso ficou evidente para mim.

Eu sabia que tinha um objetivo. Dali em diante, eu senti que precisava dedicar a vida a livrar minha mãe do fardo, a proporcionar bons momentos para ela, que já tinha carregado aquele peso por tempo demais.

Minha mãe foi a primeira pessoa a quem eu contei quando me ofereceram o papel de Celie, meses antes da divulgação do elenco.

"Então você vai atuar em um filme do Steven Spielberg", minha mãe disse. E nós fizemos uma dancinha de comemoração.

Eu era a única atriz do elenco principal que nunca tinha atuado no cinema ou na televisão. Mesmo que eu quisesse o papel, sentia a pressão da confiança que Spielberg depositou em mim.

Depois que a decisão foi confirmada, eu perguntei a Steve: "E se eu não me sair bem?"

Ele rebateu: "Isso já aconteceu com você, não foi?"

"Bom, já."

"Muito bem, se acontecer, aconteceu. Eu vou dar o meu melhor para evitar isso. Já aconteceu antes, mas não acontece todo dia, não é?"

"É, certo."

"Às vezes, é isso. A gente não se sai bem. Acontece com todo mundo. Mas eu ainda acredito que você é capaz e que deve interpretar esse personagem."

Eu levei um tempo para me adaptar às filmagens, não tinha noção de que os filmes não são gravados na ordem da história, como acontece nas peças. É caro demais seguir a ordem correta. O mais prático é filmar, em sequência, todas as cenas que acontecem no mesmo lugar. Por exemplo, nós filmávamos todas as cenas dentro do bar, e depois passávamos para outra locação.

Eu não estava acostumada a não ter uma plateia e ter que repetir a mesma cena várias vezes para que todos os ângulos fossem captados.

No início das filmagens, eu perguntei a Steven: "Como você sabe se a pessoa está rindo? Como sabe que mandou bem sem a reação da plateia?"

Ele me posicionou ao seu lado, na frente da câmera, e apontou para a lente. "Olhe ali. É onde todas aquelas pessoas estão. Bem ali. Você não pode ouvi-las. Se pudesse, não teríamos como filmar. Então você precisa saber que elas estão rindo ou chorando em silêncio."

Outra coisa que ele disse foi: "Se você estiver mesmo presente na cena, pode ver e sentir pela produção. Eles entendem de boa atuação e produção de cinema como ninguém, então trate-os com o máximo respeito."

Ele me ensinou a respeitar os pedidos da produção e a confiar na equipe. Se eles disserem que precisam de algo, é melhor entregar a eles. Ser hostil com a produção é o caminho para o fracasso. Eu sou grata a Deus por ter sido treinada por Steven no início da carreira. Minha ética profissional sempre foi essa: cuide bem da produção.

Eu ligava para a minha mãe todos os dias após o fim das filmagens, e nós dávamos risadas e conversávamos, e eu contava a ela os segredos dos bastidores que ninguém percebe quando assiste a um filme.

"Ma, tem uma cena em que eu corro para abraçar a minha irmã em um campo de girassóis. Na verdade, não é um campo. Eles só levaram centenas de baldes cheios de girassóis e os arrumaram de um jeito que parecesse um campo."

Ela adorava ouvir sobre tudo isso.

"Como eles fazem aqueles cômodos parecerem cheios de fumaça de cigarro e charuto?", ela me perguntou.

"É uma máquina com gelo seco e algum ingrediente que faz fumaça. Eles espalham aquilo pelo set antes das filmagens."

Todo dia, eu ligava para ela com alguma nova descoberta, mas ela não quis ouvir quando tentei contar como eles fazem parecer que alguém está sangrando.

"Não, isso não pode ser falso. Ainda vou acreditar que é tudo sangue de verdade", disse a minha mãe.

Quando eu recebi a minha primeira indicação ao Oscar por *A cor púrpura*, eu não sabia o que pensar. Eu sabia que tinha feito um bom trabalho no filme e que merecia uma indicação, mas não esperava que acontecesse.

No dia da indicação, minha mãe e eu rimos e passamos a manhã inteira dando risadinhas, porque éramos fanáticas pelo Oscar. Nós víamos todas as edições. Quando eu era criança, tinha escrito centenas de discursos para quando eu ganhasse o meu prêmio. Mas, quando aconteceu de fato, eu pensei *Como é que eu vou levantar e fazer um discurso se vencer?*

As pessoas me ligavam o tempo inteiro dizendo que eu seria a vencedora.

Eu disse à minha mãe: "Isso é muito estranho. Não sei bem o que pensar disso tudo."

E ela disse: "Bem, a primeira coisa que você precisa lembrar é que também há a chance de não vencer. Eu sei que as pessoas estão te dizendo que você vai ganhar, mas pode não acontecer. É uma possibilidade. Então você precisa ser grata por ter chegado até aqui, no seu primeiro filme."

Eu sabia que ela tinha razão. As outras indicadas ao prêmio de Melhor Atriz eram Anne Bancroft, Jessica Lange, Meryl Streep e Geraldine Page, minhas atrizes favoritas, todas elas.

Geraldine Page e o marido, Rip Torn, viviam no Chelsea quando eu era criança, e nós costumávamos vê-los no bairro. Todo mundo os conhecia porque eles eram atores na Broadway. Quando eu era mais jovem, não tinha dinheiro para vê-la na Broadway, mas lia sobre as peças nos jornais. Eu sabia que ela havia sido indicada ao Oscar algumas vezes, mas nunca chegou a vencer. Para mim, ela é uma daquelas atrizes sem igual. Anne Bancroft também. Ambas eram de Nova York, e também atuaram em vários filmes. Era por isso que eu sabia do talento delas. Eu pensei *Meu Deus, eu fui indicada com elas*.

Depois que as indicações foram anunciadas, as pessoas começaram a fazer comentários maldosos a meu respeito. A imprensa estava tentando fazer com que eu me sentisse mal por ser indicada no meu primeiro filme, como quem diz "como você ousa?". Mas eu comecei a pensar: *Vão se ferrar. Eu fui indicada porque me acharam boa o bastante. E eu não me importo com o que vocês, cretinos, dizem.*

Então, a esperada noite chegou. Eu estava sentada na plateia do Oscar, usando um vestido elegante. Eu vi Jack Nicholson, Don Ameche, Anjelica Huston e Harrison Ford, todos sentados perto de mim. Pensei que minha mãe gostaria de ver Harrison Ford pessoalmente. Ela era uma grande fã dele. E costumava chamar Harrison Ford e Tom Cruise de "atores de jornadas", aqueles que raramente são indicados aos prêmios, mas que sustentam todo o filme. Esse era seu tipo favorito de atores, aqueles que não são reconhecidos, apesar do trabalho, que carregam toda a história.

Quando a minha categoria foi anunciada, quem apresentou foi F. Murray Abraham, que havia recebido um Oscar no ano anterior por interpretar Salieri em *Amadeus*. Ele leu o nome de todas as indicadas, abriu o envelope e fez uma pausa. Ele disse que, por décadas, havia venerado a vencedora. Eu sabia que ele falava de Geraldine Page pela atuação em *O regresso para Bountiful*. Eu pensei *Não é só você que tem esse sentimento por ela.*

Ele anunciou o nome de Geraldine. Eu aplaudi como louca. Quando ela estava subindo ao palco, um ator ao meu lado perguntou: "Por que você aplaudiu tanto se ela te derrotou?"

Eu respondi: "Como assim? Aquela é a Geraldine Page. Você sabe, a Geraldine Page." Eu listei rapidamente tudo o que ela tinha feito. Aquela vitória era dela e, de certa forma, minha também, porque eu também era uma atriz de Nova York. Eu pensei *Ela é uma atriz de Nova York, e eu também.* Para mim, aquilo era bom o bastante.

No ano seguinte, Geraldine faleceu. Então, pois é, fico feliz por ela ter tido aquela conquista no ano anterior.

Mesmo sem ter vencido, com a minha peça na Broadway dirigida por Mike Nichols e *A cor púrpura*, de Steven Spielberg, eu sabia que eu tinha alguma coisa. Eu me achava talentosa. E vou dizer a verdade, as pessoas não gostam de quem tem uma autoestima elevada. Após crescer ouvindo minha mãe afirmar que eu podia fazer o que quisesse e, anos mais tarde, ter Mike Nichols e Steven Spielberg reiterando essa crença, eu sentia que podia encontrar as pessoas, olhá-las nos olhos e dizer: "É, eu posso interpretar esse personagem."

Eles abriram as portas para mim. Disseram "Nós confiamos nela. Demos a ela essa oportunidade porque ela tem talento". Eu me tornei confiante porque eles sabiam o que eu era capaz de fazer. Se eu duvidasse de minha capacidade, ligava para Mike. Ele sempre me ajudava. Eu parei de ouvir as pessoas que listavam motivos para que eu não aceitasse certos trabalhos. Eu entendia que elas não sabiam nada de mim ou sobre o que eu era capaz de fazer. Mesmo depois da Broadway e do meu primeiro longa-metragem, eu ainda queria a oportunidade de fazer o que eu acreditava que podia.

Cerca de duas semanas antes da morte de Mike Nichols, Cynthia Nixon me ligou para dizer que Mike queria que eu almoçasse com eles dois e Christine Baranski. Nós passamos duas horas naquele almoço, rindo, contando histórias e ouvindo as histórias do Mike. Eu sabia que, por causa do efeito daquele homem na minha vida e da sorte que eu tive quando ele assistiu à minha peça vários anos antes, fui inserida naquele mundo de pessoas incríveis. Mike parecia mais magro, sem a mesma energia de antes. Nós sabíamos que ele já tinha oitenta e três anos, então não fizemos nenhum comentário. Eu não sabia que aquela seria a última vez que o veria. Nenhum de nós sabia.

Quando ele faleceu devido a um infarto, em novembro de 2014, eu tinha perdido meu irmão em maio. As pessoas que eu mais amava no mundo estavam partindo... não estavam mais neste mundo.

Eu deveria falar sobre a perda do Mike no *The View*, mas não consegui. Eu não parava de chorar. Muitos de nós nos reunimos na casa dele. Mary-Louise Parker e eu tentamos barganhar com Deus: poderíamos oferecer alguém para Ele levar no lugar de Mike? Se não estivéssemos tão tristes, poderíamos ter pensado em alguém.

Ainda sou amparada pela amizade e pela crença de Mike Nichols em mim.

# Capítulo Doze

Eu sabia que a minha filha ficaria muito brava comigo, e talvez por um longo tempo. As crianças querem ficar com a mãe. Querem a mãe por perto, para resolver as coisas com as quais elas ainda não sabem lidar. Querem que a mãe dê atenção total a elas sempre que precisam. Querem que a mãe esteja em casa quando vão para cama e quando acordam. É sempre assim. As crianças querem ser a prioridade da mãe, em vez das futuras propostas de carreira.

Hoje, adulta, Alex se lembra de quando era pequena e eu explicava por que precisava viajar. Agora ela entende. Mas as crianças não se importam com independência financeira, segurança ou dinheiro reserva na conta bancária. Aos oito ou nove anos, nós só queremos a nossa mãe por perto.

Anos depois, eu percebi que tinha feito com Alex quase o mesmo que aconteceu na minha infância quando a minha mãe foi internada. Havia algumas diferenças. Eu não podia falar com a minha mãe e não fazia ideia de quando ou se eu a veria outra vez. Alex podia sempre me ligar e falar comigo. Eu nunca sabia qual adulto estaria em casa quando eu chegasse da escola. Alex teve a minha mãe com ela de manhã, à tarde e à noite.

Veja bem. Uma mãe normal talvez teria dito algo do tipo: "É, seria bom fazer o seu filme ou um monólogo em Las Vegas ou uma série de televisão, mas eu sou mãe. Daqui a dez ou doze anos, quando minha filha estiver mais velha, a gente se fala."

Mas as coisas não funcionam assim. Eu sabia que as minhas oportunidades não ficariam esperando por mim. Eu sabia que não teria aquela chance outra vez.

Considerando o contexto mais amplo, o que eu mais queria era ser um "gênio da lâmpada" para a minha mãe, o meu irmão e a minha filha. Eu queria proporcionar uma vida sem muitas preocupações à minha mãe. Eu queria que meu irmão vivesse conosco e aproveitasse a vida também. Eu queria que Alex tivesse mais oportunidades, vivesse em uma casa confortável, tivesse o próprio quarto, e tivesse mais chances na vida do que nós tínhamos antes de eu ser chamada pela Broadway.

Eu dizia à Alex: "Você lembra de quando tinha seis anos e eu só podia comprar um par de sapatos para você? Agora você tem sete ou oito pares. Tem os brinquedos que quiser, pode ir à Disneylândia e fazer outras coisas que você adora."

Eu sabia que, na cabeça dela, isso não era o bastante, porque as crianças pequenas não têm noção do que é preciso fazer para ganhar dinheiro, mas, para mim, era importante. Eu não queria deixar passar a oportunidade de melhorar as nossas vidas. Por isso, eu pedi à pessoa mais incrível no mundo para ajudar a criar a minha filha: a minha mãe. Eu sabia que Alex estaria sempre segura, que seria amada e ouvida. Eu aproveitava as oportunidades que chegavam enquanto eu ainda estava nos holofotes. Eu já sabia que toda a atenção por causa da indicação ao Oscar não duraria muito tempo. Ao mesmo tempo, eu compreendia que as crianças querem ser cuidadas pela mãe.

Minha mãe me compreendia. Ela me disse: "Você pode fazer o que precisar. Eu fico aqui com a Alex. Eu te ajudo."

Então, mais uma vez, a minha mãe facilitou tudo para mim.

Assim, eu pude explorar as várias oportunidades que apareciam o tempo todo. Assim que a noite daquele Oscar terminou, eu comecei a ouvir das pessoas, de diferentes níveis do cinema: "Olha, sabe, você é negra. Não tem muitas produções por aí para você."

Ou, se eu fosse a um estúdio fazer um teste para um filme, tinha que ouvir: "Ah, você não é bem o que a gente está procurando."

Por um longo tempo, acho que eu não compreendia bem o que isso significava de fato. Eu achava que, se tivesse a oportunidade de interpretar a personagem, faria com que as pessoas mudassem de ideia. Uma vez, eu disse que gostaria de interpretar Leonor da Aquitânia, uma das mais fascinantes personagens já criadas para atores, porque essa é a essência do nosso trabalho. Eu disse também que adoraria interpretar A Princesa Prometida, outro personagem incrível para uma atriz. As pessoas começaram a me explicar que, por eu ser negra, conseguir esse tipo de papel podia ser complicado. Eu respondia: "Mas é isso o que os atores fazem... não é?" Eu sabia que era negra, soube durante toda a minha vida, mas as pessoas comentavam como se fosse uma surpresa.

Os produtores, agentes e diretores tentavam me explicar seus motivos. "Bom, em termos visuais, os espectadores ou o público precisam acreditar no que você está fazendo na tela ou no palco."

E eu respondia: "Mas todas as pessoas passam por essas coisas. As pessoas negras, inclusive. Não é como se eu acordasse como outra pessoa e dissesse 'Ah, acho que vou voltar a ser negra agora'. Eu fui negra a minha vida inteira. Então parece que você está me dizendo que as pessoas negras não poderiam, não passam ou não podem passar por essa experiência. Preciso dizer uma coisa, eu sei do que estou falando. Isso não é verdade."

Na década de 1980, também não havia muitos protagonistas sendo escritos para pessoas negras. Por isso, o fato de Spielberg apostar em *A cor púrpura* foi tão importante. Antes da minha indicação em

1985, apenas quinze pessoas negras haviam sido indicadas na história da premiação, e apenas três delas foram vencedoras: Hattie McDaniel, Sidney Poitier e Lou Gossett Jr. Só isso. E para muitas pessoas em Hollywood, não havia problema algum.

Um dia, eu estava com a minha mãe em um evento, quando ela se inclinou e perguntou: "Como não sabem que você pode fazer tudo? Como podem duvidar do que você pode fazer depois de terem visto o que você já fez?"

Ela percebeu que eu estava começando a temer pelo futuro. Eu sabia que, por sorte, tinha conseguido um papel tão bom quanto a Celie em *A cor púrpura*. Era evidente que um ator negro não conseguiria mais de um papel por ano. Mas, como eu tinha estado em um filme de Spielberg e havia trabalhado com Mike Nichols, acreditava que podia interpretar qualquer personagem, o que estivesse disponível. Eu sabia que podia. Se quisessem que eu interpretasse um macaco, um monstro, uma mulher branca, negra, asiática ou de qualquer outra etnia. Eu conseguiria interpretar tudo. Então eu fui bem enfática sobre isso. Fiz valer a minha voz.

A maioria das personagens que eu interpretei em filmes nas décadas de 1980 e 1990 foram criados para outras pessoas. O papel principal que interpretei em *A ladrona*, de 1987, era para ser de Bruce Willis. Eu estava sendo cotada para dar vida a uma coadjuvante, a vizinha. Quando ele recusou o papel, eu perguntei: "Eu posso fazer?" Levou um tempo para que os produtores apostassem em mim.

*Salve-me quem puder* foi escrito para Shelley Long, a protagonista de *Cheers*. Foi o primeiro filme dirigido por Penny Marshall. Não sei por que Shelley não fez o filme, mas eu adorei interpretar aquela personagem. Eu gostaria que as pessoas tivessem ido ao cinema para ver o filme.

Muita gente me diz que adora o filme, mas que só viram anos depois quando foi exibido na televisão.

Eu não era a primeira escolha para interpretar Rita, a investigadora durona da narcóticos em *Mercadores da morte*. O papel foi escrito para a Cher. E *Mudança de hábito* seria de Bette Midler.

Alguns filmes foram bons, outros foram razoáveis, e outros foram um fracasso completo.

A imprensa começou a fazer comentários do tipo: "Ela não está atendendo às expectativas de uma indicada ao Oscar." As pessoas começaram a se sentir decepcionadas comigo.

E, por alguns minutos, eu acreditei nelas.

Eu perguntei à minha mãe: "Você está descontente comigo?"

"Em que sentido?"

"Bem, você acha que estou escolhendo mal os filmes que faço?"

Ela não titubeou. "Caryn, as suas escolhas são suas. Você se divertiu fazendo esses filmes?"

"Sim, mas eles não faturaram muito para as produtoras."

Ela disse: "Se a questão é dinheiro, então, sabe, você provavelmente vai deixar muitas pessoas decepcionadas porque não dá para fazer sempre filmes como *A cor púrpura*. Ninguém consegue."

Ela entendia a minha preocupação. E me disse: "Você é uma atriz e está trabalhando. Não vejo problema nisso. Porque você é uma atriz característica que está conseguindo protagonizar os filmes."

Mike Nichols me disse a mesma coisa. "Olha, você é uma atriz. É muito bom ganhar dinheiro com os filmes, mas nada é garantido. Ninguém tem ideia de quanto um filme vai faturar. Não é culpa sua."

Na década de 1980, eu também estava tomando outro tipo de decisão, ciente de que não eram as melhores. Mas eu as mantinha em segredo, na maioria das vezes. Eu tinha evitado as drogas, exceto a maconha, depois da desintoxicação no início dos anos 1970. Mas, na década de 1980, em Los Angeles e em Nova York, o "uso recreativo de drogas" passou a ser redefinido. Eu era convidada para festas, onde era recebida com um pote de Quaaludes na entrada, e podia pegar quantas pílulas quisesse. Fileiras de cocaína eram postas à vontade

PARTES DE MIM  159

nas mesas ou nos banheiros. Todo mundo sabia que a polícia não ia bater na casa de um produtor ou ator famoso em Beverly Hills, Bel Air ou Hollywood Hills, então ninguém se preocupava. Todo mundo participava. Por algumas horas, todo mundo ficava chapado e transava com alguém antes de a noite acabar.

Como eu tinha tido problemas com outros tipos de drogas, achei que conseguiria lidar com a cocaína. Não me parecia uma coisa perigosa. Parecia que todo mundo tinha acesso à ela, tanto na televisão quanto nos sets de cinema. Os policiais nunca invadiriam um estúdio.

Por um ano, tudo correu muito bem. Mas depois eu caí no abismo da cocaína e atingi um nível ainda mais profundo. Ninguém que convivia comigo percebeu o estado em que eu estava. Pelo menos, era nisso que eu queria acreditar. Eu me considerava uma "viciada altamente funcional". Eu chegava ao set na hora certa, fazia o meu trabalho e acompanhava o ritmo da produção. Eu sabia que as pessoas não seriam pagas se eu não aparecesse. Eu ainda fazia o que precisava ser feito.

Mas depois a cocaína começou a arrancar o meu couro. Eu ia para o trabalho e percebia que estava ficando descuidada. Em um dado momento, eu tive alucinações de que havia algo debaixo da minha cama que me atacaria se eu me levantasse. Então eu fiquei na cama por vinte e quatro horas. Esse tipo de coisa nunca termina bem. Uma hora a casa cai.

Até que eu tive um daqueles choques de realidade que fazem a gente perceber que chegou ao fundo do poço. Eu estava hospedada em um luxuoso hotel em Manhattan no meu aniversário. Alguém tinha me dado alguns gramas de cocaína. Eu estava sentada no chão do closet cheirando, sozinha. E não ouvi quando a faxineira bateu à porta nem quando ela entrou.

Ela abriu a porta do closet.

Eu gritei.

Ela gritou e se afastou. Parecia que ia correr.

Eu tinha que alcançar a moça para tentar acalmá-la. Ela ficou olhando para o meu rosto enquanto eu falava. Quando ela compreendeu que eu estava hospedada ali, se tranquilizou e saiu do quarto. Olhei para o espelho perto da porta e percebi que meu rosto estava coberto de cocaína.

Eu teria ficado muito envergonhada se minha mãe soubesse o quanto eu era controlada pela cocaína. Ela gostava de alguns hábitos recreativos. Sempre fumou e não era contrária à maconha, até cultivava entre as roseiras em seu quintal em Berkeley.

Mas o que eu estava fazendo era diferente. Estava deixando outra coisa tomar conta da minha vida, me consumir. Eu não precisava que a minha mãe ficasse decepcionada ou furiosa comigo porque eu mesma já estava furiosa comigo mesma. É essa versão de você que quer mostrar à sua filha? Que merda você está fazendo? Levanta, sai daí e vai consertar a sua vida. Você está nesse closet há dois dias. Isso não é nada bom. Isso é péssimo.

Mais uma vez, afirmo que sou a mulher mais sortuda do mundo. Eu consegui parar de usar drogas bem rápido. Nem todo mundo consegue. Eu conheço muitas pessoas com um cérebro diferente, que não conseguem decidir parar. Para elas, não é uma escolha.

Eu tive que aceitar que provavelmente ganharia peso e que, por um longo tempo, não seria nada fácil. Sabia que teria que mudar as minhas amizades e recusar convites, mas eu podia fazer isso. Eu não queria morrer. E não queria que minha filha achasse que a mãe era uma viciada. Eu não queria que minha mãe achasse que a filha era uma viciada. Então entrei na linha — e no ano seguinte ganhei nove quilos. Eu pensei *Muito bem, isso é o que eu ganho em troca. Vai ser assim a partir de agora. Se eu quiser ficar viva, preciso aceitar isso.*

Eu já tinha decidido que estava disposta e pronta para parar, então eu faria o que fosse preciso para me livrar das drogas. Assim como a minha origem na periferia não definiriam o meu futuro, as drogas também não fariam.

PARTES DE MIM *161*

A eterna crença da minha mãe em mim se tornou o meu mantra: "Eu posso fazer qualquer coisa que decidir." Geralmente, isso se aplicava à minha flexibilidade como atriz, mas foi também o que me deu forças para seguir e manter a carreira que eu sempre quis.

Como o elenco de *A cor púrpura* era majoritariamente negro, a produção sabia como trabalhar conosco, como usar a luz a nosso favor, como nos maquiar e fazer nosso cabelo. Quando eu fui trabalhar em outras produções, tive que dar às pessoas um tempo para se acostumarem comigo. Eu fazia milhares de perguntas. Ficava no set porque não havia nada melhor do que observar os bastidores dos filmes. Todo mundo tem um trabalho específico. Eu adorava fazer parte daquele mundo. Mas eu não via muitas pessoas racializadas ali, nem muitas mulheres.

Eu ouvia coisas do tipo "Nossa, como você é articulada", como se isso fosse uma surpresa agradável. Ou os produtores e estilistas olhavam para o meu cabelo, em dreads desde o final da década de 1970, e diziam: "O que nós vamos fazer com essa merda?"

Acho que todas as atrizes negras que trabalharam com eles antes de mim alisavam o cabelo ou o mantinha curto ou usavam perucas porque facilitava as coisas para as produções. Eu não ia mudar o meu cabelo. Até mesmo a minha mãe cortou o cabelo depois que se mudou para a Califórnia. Nós duas preferíamos ler um livro ou ver um filme em vez de ficar alisando o cabelo com um pente quente.

Por fim, eu disse a Julia Walker, uma amiga que foi a minha cabeleireira em vários filmes: "Por que eles não entendem? Por que ficam me dizendo essas idiotices?"

E ela respondeu: "Eles não conhecem outra realidade. Não convivem com ninguém como você. Para eles, você é um unicórnio, alguém que eles nunca viram antes. Você não fica quieta quando tem algo a dizer. Acho que, para eles, é difícil te entender. Eles acham que você deveria ser bem mais fácil de lidar do que é."

Eu compreendi que Julia também foi uma pioneira para muitos porque era uma cabeleireira negra que sabia trabalhar com o cabelo de qualquer ator. Mas raramente era contratada. Eles sempre contratavam alguém branco e limitado, que não sabia trabalhar com cabelo crespo. Eles diziam que sabiam, mas, quando começavam a jogar água no nosso cabelo, a gente sabia que era o fim e que precisava fazer um escândalo. E era isso o que eu fazia.

"Eu sou fácil de lidar, e tento ser educada", eu disse a Julia. "A não ser quando dizem ou falam alguma coisa idiota assim."

"É, a questão é essa. Eles não sabem que o que estão dizendo é idiota. Mas, quando você ouve, responde 'É a coisa mais idiota que eu já ouvi. Vou explicar por quê'."

Julia me dizia para ajustar o meu comportamento e não dar muita atenção nem ficar brava com o que eles diziam. "Eles não podem te afetar porque você tem talento", ela continuava. "Não podem questionar o seu direito de ocupar esse lugar. Então vão te atormentar tentando te deixar desconfortável com algumas coisas."

"Eu não estou desconfortável. Só acho idiota."

"Eles não levam em conta que você é de Nova York e que essas coisas não são importantes para você." Mike Germain, meu renomado maquiador, concordava com Julia. Nossa amizade durou vários anos, e eu via os dois fazerem avanços significativos enquanto ensinavam uma indústria que não tinha a menor noção de como lidar com a pele negra ou o cabelo afro. Isso aconteceu nos anos 1980 e 1990, há muito tempo, parece, mas Julia tinha razão sobre algumas coisas. Eles achavam mesmo que eu surtaria porque falavam daquela forma comigo? Nada que alguém pudesse fazer comigo ou me dizer seria novidade para mim.

Algumas vezes, eu deveria ter surtado. Às vezes, a questão não era racial; às vezes, era outra coisa. Quando eu ouvi falar do filme *Ghost*, ao que parece, todas as atrizes negras já tinham feito o teste para o papel.

Eu liguei para o meu agente, Ron Meyer, e perguntei: "Posso fazer o teste para esse filme?"

Meu agente me disse que não estavam me considerando para a personagem Oda Mae, a médium golpista, porque eu era "conhecida demais".

Eu respondi: "Mas todas as mulheres negras do mundo, vivas ou mortas, fizeram o teste para esse papel."

Ele disse: "Eu sei. Nós já ligamos para pedir, mas eles não querem você."

Patrick Swayze leu o roteiro e conseguiu o papel de Sam. Ele perguntou se eu tinha recusado a personagem Oda Mae. Bonnie Timmermann, a diretora de elenco, disse a ele: "Eu queria contratá-la, mas o roteirista não acha que ela é a pessoa certa para o papel."

Eu não sei o que Patrick disse, mas, de repente, Ron me ligou no Alabama, onde eu estava gravando outro filme e disse: "Se lembra daquele teste que você queria fazer? O diretor e o ator principal querem ir até você para fazerem um teste de química com o ator principal."

E eu perguntei: "Quem é ele?"

"Disseram que é o Patrick."

Então, um dos meus atores favoritos iria até o Alabama me encontrar, e foi exatamente o que aconteceu, e o resto é história. Assim que foi contratado, Patrick começou a interceder para que eu conseguisse o papel de Oda Mae. Para mim, foi uma validação importante que eles irem até o Alabama me ver, e, no fim das contas, Patrick e eu tivemos uma conexão muito boa em cena. Nós nos divertíamos juntos. A energia entre nós fluía de um para o outro. Era impossível ignorar a sintonia. É possível que Jerry Zucker ainda tenha precisado convencer outras pessoas, mas, como Bonnie, Patrick e Jerry me escolheram, eu consegui o papel. Jerry disse que eu poderia dar tudo de mim e me deu certa liberdade para a minha mente cômica guiar Oda Mae.

Patrick me deu um presente que eu nunca pude, e nunca poderia, retribuir. Graças a ele, eu consegui a minha segunda indicação ao Oscar. Eu não esperava ter essa oportunidade outra vez. Achava que a indicação por *A cor púrpura* havia sido uma experiência fantástica e única. Pensava que não aconteceria de novo. Quando descobri que fui indicada mais uma vez... pensei *É, vamos lá.*

Eu me senti honrada em ser indicada como Melhor Atriz Coadjuvante junto de: Lorraine Bracco, Diane Ladd, Mary McDonnell e Annette Bening. Por algum motivo, nós cinco construímos um vínculo e fizemos um pacto. Decidimos que quem ganhasse teria que convidar as outras quatro para um almoço. A vencedora pagaria a conta. Eu acho que todo mundo esperava que Annette Bening ganhasse aquele ano, então fiquei embasbacada quando Denzel Washington anunciou o meu nome.

Minha mãe não foi à cerimônia porque não queria demonstrar decepção caso eu perdesse. Minha filha, Alex, e meu irmão, Clyde, me acompanharam, estávamos todos muito elegantes. Eu olhei para as outras indicadas, e nós nos cumprimentamos com o polegar para cima. Denzel Washington anunciou o prêmio e tive a impressão de que todos se levantaram quase antes de mim quando ele chamou o meu nome.

Do palco, eu vi as outras indicadas gritando e me aplaudindo. E, pela primeira vez, eu senti que fazia parte daquele mundo. Era um sentimento muito bom.

Naquela noite, após a cerimônia, eu estava em uma festa do incrível agente Swifty Lazar e da esposa, Mary, no restaurante Spago, com todas as celebridades que participaram dos filmes aos quais eu havia passado a vida inteira assistindo. Por causa deles, eu tinha decidido me tornar atriz. Lá estava eu, no mesmo espaço que as pessoas que me encantaram a vida inteira.

Eu conheci vários atores e diretores, que me diziam: "Olha, pode ligar quando quiser conversar." E me davam seus números de telefone.

Billy Wilder, o famoso diretor de filmes como *Quanto mais quente melhor*, *Se meu apartamento falasse* e *Sabrina*, estava lá com a esposa, e eles me disseram: "Sente aqui conosco. Fale sobre você." Billy e eu conversamos sobre cinema por uma hora. Eu pensei em todos os artistas que eu conheci no período entre *A cor púrpura* e *Ghost*: Gregory Peck, Jack Lemmon, Sophia Loren e Elizabeth Taylor.

Eu tenho uma história que poderia ser mais bem detalhada com a ajuda de minha mãe. Por algum motivo, acho que conheci Elizabeth Taylor em um evento para arrecadação de fundos, onde dividíamos a mesma mesa acompanhadas por nossas mães. Acho que foi nesse momento que Elizabeth me convidou para participar de um evento que ela estava organizando. Ela disse: "Antes que você diga alguma coisa, saiba que várias pessoas já recusaram. O objetivo é angariar fundos para pessoas com aids." Eu topei quando ela disse "angariar fundos", então continuei confirmando até ela acreditar em mim. Eu expliquei a ela que eu vivia em Berkeley quando a epidemia de aids se alastrou e que eu adoraria ajudar a combatê-la.

Mas eu tenho outra lembrança com Elizabeth, que é um pouco insana principalmente porque eu não lembro por que fui convidada. Eu estava na Tiffany's, um dos meus locais favoritos, para o lançamento do livro de Carole Bayer Sager, que eu não conhecia. Mas eu fui porque sou da periferia e nunca pensei que passaria um tempo na Tiffany's, comendo aperitivos, esperando que alguém dissesse: "Mostre o que tem nos bolsos!". Enfim, eu estava lá em pé, meio perdida, tentando pensar no que fazer ali, quando ouvi um "psiu".

Eu olhei ao redor e vi Elizabeth Taylor. Ela acenou, e eu desviei o olhar porque estava tentando (a) não olhar demais para ela e (b) não perder a calma porque aquela era a Elizabeth Taylor.

Mais uma vez, eu ouvi um "psiu".

Eu me virei, e ela estava acenando para que eu me aproximasse. Ela disse algo como "Você não me ouviu fazendo 'psiu' para você?"

E eu respondi: "Ouvi."

"Não me viu acenar para você?"

Eu respondi: "Vi, mas não achei que estivesse mesmo acenando para mim."

Por algum motivo, ela perguntou: "Por que não?"

Eu disse: "Porque você é uma senhora estrela do cinema."

E ela afirmou: "Ué, você também é."

É, ela me deixou bem feliz. E depois disse: "Você foi ao meu evento. Aliás, como está a sua mãe?"

"Está ótima", respondi. "Vou dizer que você perguntou por ela". Eu também perguntei sobre a mãe dela. Ela me perguntou sobre a minha vida, sobre quem estava me agenciando, e eu disse a ela.

Ela me deu um sábio conselho. "Você pode ganhar um presente do estúdio em cada trabalho", ela me disse.

"Como assim?"

"Olha, em todo filme que faço, eu peço um presente, alguma coisa que me faça lembrar da minha carreira", ela me disse. "Por causa de você, esses agentes e empresários vão poder pagar escolas particulares e as melhores universidades para os filhos. Vão poder dar um rosto novo, cheio de plásticas, para as várias esposas. A sua carreira vai sustentar um monte de gente. Então é bom pedir um presente em troca. Não precisa ser gananciosa, mas você pode pedir."

Eu dei ouvidos, principalmente quando ela disse: "Uma carreira tem altos e baixos". Ela fez gestos simulando os altos e baixos de uma montanha-russa. "Sua carreira será um pouco diferente porque você é negra. Você deve ter algo que te lembre, nos tempos ruins, que você atuou no cinema. Algo que você possa olhar, daqui a dez ou quinze anos, e dizer: 'É, eu estive aqui. Eu sei porque ganhei esse artefato ou essa joia, por fazer esse filme.' Não precisa ser algo ridículo de caro. Só o bastante para te fazer lembrar. Não vai prejudicar ninguém. Está no orçamento." Eu comentei que talvez desse certo para ela, que era Elizabeth Taylor. Mas ela tinha razão. Ela se esforçou para conseguir tudo que conquistou em sua carreira. Esse pedido estava em todos os seus contratos. Ela entregava muito e esperava algo em troca.

Então os meus agentes e empresários fizeram isso por mim. Hoje, eu tenho uma coleção de artefatos e vários outros objetos porque Elizabeth Taylor me disse que eles contariam a história da minha carreira. Posso olhar uma pintura e lembrar que a recebi por ter trabalhado em um filme específico. Ainda tenho em mente que, por causa dela, todos os estúdios concordaram em me presentear.

Elizabeth Taylor foi uma inspiração para mim, não apenas como atriz, mas como mulher e humanitária. Ela sofreu várias críticas e ataques por causa de seu corpo, seus casamentos, seu estado de saúde e até o seu nome. Ela não gostava quando era chamada de Liz. Ela nunca se deixou abalar por isso. E ainda tinha o título — ela era Dama Elizabeth Taylor. Mas não esfregava isso na nossa cara.

Ela era inteligente. Eu observava a sua influência política quando ela se empenhava em alguma causa. Era um ótimo exemplo de como usar a fama para ajudar as pessoas. Bem antes de sabermos como a aids era contraída, quando ainda era chamada de "praga gay", Elizabeth Taylor teve coragem de se envolver na luta e, basicamente, forçou o presidente Ronald Reagan a dar atenção ao problema e tomar providências. Ao contrário dos dias atuais, em que muitas celebridades assumem o papel de porta-vozes dos direitos dos LGBTQ+, naquela época, a maioria das pessoas tinha medo disso. Sem dúvidas, ninguém do calibre de Elizabeth lutou como ela no início da epidemia da aids nos anos 1980. Certamente, os agentes e assessores de Elizabeth recomendaram que ela escolhesse uma causa que não fosse HIV e aids, para que ela deixasse essa luta para outros. Ela disse: "Eu faço isso porque estou vendo as pessoas que eu amo e com quem trabalhei em mais de cinquenta filmes — amigos, atores, cabeleireiros, maquiadores, músicos, dançarinos, algumas das pessoas mais importantes e influentes que conhecemos — sendo afastadas e deixadas de lado pela família e por suas comunidades, sendo abandonadas para morrerem sozinhas. Quem se importa com a carreira", ela disse a eles "quando as pessoas que a tornaram possível estão morrendo?"

Eu tinha um respeito enorme por essa postura dela.

Elizabeth Taylor fez com que eu me sentisse pertencente àquele mundo.

Eu me senti assim de novo durante a minha segunda indicação ao Oscar, principalmente após conviver com as outras quatro indicadas ao prêmio de Melhor Atriz Coadjuvante naquele ano.

Nós nos conhecemos no Oscar Nominees Luncheon, um evento para os indicados ao Oscar. Estávamos todas sentadas na mesma mesa, e nos demos conta de que éramos todas damas fantásticas: Annette, Mary, Diane, Lorraine e eu. Nós fizemos um pacto de que quem ganhasse deveria pagar um almoço elaborado para as outras. Naquele ano, eu venci e estava pronta para começar. Ninguém está autorizado a fazer uma réplica da estatueta do Oscar, mas eu liguei para alguém no comitê e expliquei que precisava fazer quatro estatuetas do Oscar de chocolate, cobertas de folhas de ouro, para dar às outras atrizes e o porquê. Eu consegui essa permissão única. Quando eu levei as outras indicadas para o almoço, havia um Oscar de chocolate para cada uma na mesa.

Sentia como se nós cinco tivéssemos laços profundos. Eu adorava encontrá-las e me divertir com elas. Todas tínhamos o mesmo sentimento. Queríamos apoiar umas às outras, celebrar quando uma de nós tivesse sucesso e amparar quem precisasse de ajuda.

No início da década de 1980, Helen Gurley Brown, editora da revista *Cosmopolitan*, disseminou a ideia de que as mulheres podiam "ter tudo": um trabalho importante, sucesso, sexo incrível, um bom casamento, filhos e autocuidado, para cultivarem beleza e bem-estar. Desde então, as mulheres vêm tentando ter tudo.

Na minha opinião, é possível ter tudo, mas sem a ideia de que sua vida será como um filme. Suas escolhas terão consequências. Nem todo mundo vai achar que você sabe o que está fazendo. Essa é a parte difícil de um objetivo como esse. Passar a vida tentando se compreender. Em alguns momentos ótimos, você sente que está fazendo algo importante. Em outros momentos, precisa aceitar que não é tão importante assim e precisa contar com a ajuda de outras pessoas, como eu fiz quando pedi que minha mãe cuidasse da minha filha.

PARTES DE MIM *169*

Uma vez, eu estava passando um tempo na minha casa em Berkeley. Minha mãe e Alex moravam na casa da frente. Como eu passo grande parte da noite acordada, geralmente passava a noite na casa dos fundos quando estava lá. Uma noite, quando Alex tinha catorze anos, eu olhei pela janela e a vi se esgueirando para fora da casa da frente para sair com os amigos após as dez da noite.

Eu resolvi trancar todas as portas e não deixá-la entrar, para que ela entendesse que havia sido descoberta e que haveria consequências. Fiquei esperando ela chegar. Algumas horas depois, ela estava na varanda e sabia que não podia bater à porta sem ser descoberta. Ela ficou lá sentada esperando.

Minha mãe abriu a porta da frente e perguntou a ela: "O que você está fazendo aí?"

Nessa hora, eu já estava próxima da casa e disse: "Pergunte de novo. Pergunte por que ela está aí, e não no quarto."

Ma perguntou: "O que aconteceu?"

Alex ficou em silêncio, olhando para mim como uma adolescente mal-encarada.

Como ela não ia falar, eu me senti um pouco presunçosa. "Bom, ela saiu escondida de casa. Foi isso o que aconteceu. Por isso está sentada aqui. Não conseguiu entrar."

Eu pensei que minha mãe fosse conversar com Alex sobre as suas escolhas. Em vez disso, ela se virou para mim, cruzando os braços e perguntou: "É por isso que você está tão eufórica?"

Alex cobriu o sorriso com a mão.

Eu disse: "Quer saber? A partir de agora, eu vou ficar de boca fechada. Vou voltar para a outra casa. Vou ficar lá. E vou ficar fazendo as minhas coisas."

Eu não fiquei brava. Eu acho que minha mãe estava resolvendo a situação. Ela sabia que minha abordagem não funcionaria com Alex.

Depois, Alex me disse que, em casa, depois que eu saí, a avó tinha conversado com ela e disse: "Olha, eu posso te dizer um milhão de vezes para não fazer isso. Mas você só vai me ouvir quando for tarde demais ou quando algo te acontecer. Você tem que ser mais esperta."

Acho que funcionou... por um tempo.

Minha mãe tinha razão. Adolescentes são assim. Eu também pensava que sabia tudo aos catorze anos. Só comecei a mudar quando era tarde demais. Quando já tinha mais de trinta anos. Achava que tinha mais noção das coisas. Mas a gente aprende no nosso tempo. De preferência, em vida.

É, eu nunca ganharia um prêmio de melhor mãe. Hoje, Alex sabe por que as coisas aconteceram daquela forma, principalmente porque ela criou três filhos. O tal "ter tudo" é complicado, e nós precisamos honrar as nossas escolhas.

Eu tive que dizer à minha filha: "Olha, é isso o que eu vou fazer. Eu vou trabalhar. Estou fazendo isso para que você, eu, a vovó e o tio Clyde possamos ter uma vida diferente."

Ainda tenho consciência de que essas explicações não querem dizer muita coisa para uma criança. A gente quer a nossa mãe. Faz muito, muito tempo que eu não sou mais criança e ainda quero a minha mãe.

Muitas vezes, eu ouço algum artista ou intérprete como Jennifer Hudson ou um comediante como Jo Koy dizerem que foram influenciados por mim quando eram crianças. Às vezes, as pessoas me dizem que viram minha peça da Broadway na HBO ou que me assistiram no *Comic Relief* ou em algum filme quando eram mais novas. Jovens me abordam em eventos ou até mesmo na rua e me dizem que, quando me viram atuando, sentiram que existia um lugar no mundo para eles também. Obviamente, isso me deixa feliz. Eu nunca tentei ser uma referência, mas sou grata por, de alguma forma, ter ajudado a fazer os mais jovens serem fiéis a si mesmos, a quem eles são e a quem desejam ser.

# Capítulo Treze

No MEU ANIVERSÁRIO de trinta e quatro anos, eu fui presenteada com um bebê. Minha filha teve a primeira filha, Amara, em 13 de novembro de 1989, e eu me tornei avó. A maioria das mães recebe uma carteira ou um colar das filhas adolescentes no aniversário. Eu ganhei uma neta.

Eu criei Alex para ter um diálogo aberto comigo. Em nossa relação, ela não escondia as coisas de mim. Se algo acontecesse, ela me contava. Então, um dia, Alex me ligou para dizer que estava esperando um bebê, que estava grávida. E me disse que queria ter o filho.

Eu perguntei a ela: "Tem certeza? Você precisa ter certeza absoluta."

Ela disse: "Tenho. Eu quero ter o bebê. Esse bebê vai me amar, e ela não vai te conhecer." Para algumas pessoas, isso pode parecer extremo, mas eu entendo. Veja bem, as pessoas afastavam a minha filha do caminho sem nem mesmo perceberem. Depois de um tempo, isso começou a deixá-la furiosa. Em um restaurante, as pessoas simplesmente chegavam se sentando e pedindo uma foto, isso deixava todo mundo irritado.

Então tudo o que eu pude dizer foi "Tudo bem...".

Assim que pude, eu liguei para a minha mãe. Disse: "O que está acontecendo é: Alex está grávida e quer ter o bebê. Perguntei se ela tem certeza, e ela disse que sim. Que droga! Merda!"

Minha mãe ficou calada por uns dez segundos. Depois, falou: "Muito bem. Então, por que isso é um problema?"

"O quê? Por que isso é um problema? Porque Alex precisa ir para a escola. Ela precisa se formar. Precisa fazer coisas de adolescente. Isso vai mudar toda a vida dela."

"Ah… Tá. Entendi", minha mãe disse.

"Espera! Entendeu o quê? Como assim?"

"Eu vejo quando você vai a Washington, D.C., e protesta com milhares de mulheres a favor do poder de escolha. Não tinha percebido que você estava marchando apenas pela própria escolha, pelo que você escolheria."

"O quê! Espera, não foi isso…"

Ela continuou: "A verdade é que, se essa é a decisão dela, é a decisão *dela*. Você sabe, eu estou aqui. Tem várias pessoas para ajudar se ela decidir ter o bebê. Porque Alex tem uma escolha, aquela pela qual você está sempre protestando a favor."

Eu não tinha como argumentar. "Olha", eu disse. "Eu vou desligar agora e depois eu te ligo. Te ligo depois."

Quando chegou o dia, minha mãe entrou na sala de parto com a minha filha, que, aos quinze anos e completamente saudável, deu à luz sua linda bebê duas horas depois. E, quando levaram a bebê para casa, minha mãe sabia exatamente como cuidar dela. Ela havia trabalhado como enfermeira pediátrica, então sabia o que estava fazendo e resolveu tudo. Exatamente como disse que faria.

Anos depois, Alexandrea me disse que acha que engravidou na adolescência porque queria alguém em sua vida que não soubesse quem era Whoopi Goldberg.

Eu achava que era uma retaliação por eu não ter sido presente. Eu entendi.

Era impossível prever o que a minha mãe diria ou faria em determinada situação. Ela tinha opiniões autênticas. Era uma pessoa singular. Meu irmão, Clyde, também. Clyde e eu éramos assim porque nossa mãe era o nosso maior exemplo. E minha mãe admirava e respeitava outras pessoas singulares. Ela não via problema algum na própria singularidade também.

Eu fui casada três vezes antes de entender que ficaria melhor sozinha.

Em um dos meus casamentos, minha mãe me disse: "Sabia que tem um carro ali atrás?"

"É um carro seu?"

Ela me levou para um canto para falar comigo a sós. "Você sabe que eu não dirijo."

"Eu sei. Por que está me falando sobre o carro ali atrás?"

"Você não precisa fazer isso. Se casar."

Eu disse: "Eu sei que não preciso. Mas eu já envolvi outras pessoas. Eu disse sim ao pedido quando deveria ter me esquivado. E agora as pessoas estão aqui para celebrar."

"Bom, se quiser esperar no carro, eu posso explicar para as pessoas."

"Ma, eu não posso fazer isso. Seria horrível para ele."

"Está bem", ela disse.

Minha mãe sabia que eu não era apaixonada por aquele homem. Eu estava apegada à ideia de estar apaixonada, mas não era o que sentia.

Quando aquele casamento foi para o espaço, eu pensei que talvez estivesse fazendo algo de errado.

No terceiro casamento, minha mãe disse: "Pelo amor de Deus, Caryn, não é melhor só dar uma festa?"

Eu deveria ter ouvido o sábio conselho dela, mas não foi o que eu fiz. E quando o terceiro casamento acabou alguns anos depois, eu assumi que ela tinha razão.

Ela disse: "Para o próximo que fizer o pedido, você precisa dizer: 'Não, acho que eu não gosto de estar casada.'"

"Tudo bem", eu disse. "Porque eu não gosto e não sou nada boa nisso, essa coisa de casamento."

"Então pare de se casar. Se você não é boa nisso, se concentre nas coisas que você sabe fazer. Se você não é boa em manter relações afetivas, seja uma boa amiga. Você não precisa viver com ninguém. Não precisa ficar se casando com todo mundo nem com qualquer um."

Eu percebi também, depois de muito tempo, que era mais barato "só dar uma festa".

E agora, na minha idade, eu nem me incomodo em dar uma festa. Quem precisa desse trabalho? O melhor é fazer tudo sem amarras, e eu só me envolvo com alguém completamente ciente de que é sem amarras. Eu não quero nem ter que colocar as garrafas vazias de cerveja para fora depois de alguém ter passado tempo demais lá em casa. Não quero ninguém que permaneça além disso.

Além de minha filha e a família dela, as únicas pessoas com quem eu passava bastante tempo eram a minha mãe e o meu irmão. Por isso, quando minha carreira estava mais estabelecida, eu pedi ao Clyde para ser meu motorista.

Depois que eu me tornei mais conhecida, na gravação dos filmes, os produtores deixavam à minha disposição um motorista e um carro para ir e voltar do set. Na época em que eu fiz *Uma história americana*, filmado no Alabama, Clyde morava em Montgomery e trabalhava para a AT&T.

Eu perguntei: "Cara, você não quer ser meu motorista? Quer fazer parte da produção como meu motorista?"

Ele respondeu: "Eu não posso. Trabalho o dia inteiro na companhia telefônica."

Eu queria aliviar a carga do meu irmão e levá-lo de volta para a Califórnia comigo porque não achava que ele estava bem no Alabama.

À noite, depois das filmagens, nós passávamos um tempo conversando. Eu perguntei: "Tem certeza de que quer ficar aqui? É um lugar bem diferente."

"Não. Eu adoraria me mudar para a Califórnia, mas preciso encontrar um jeito de fazer isso acontecer."

Foi quando nós fizemos um acordo, porque eu sabia que beneficiaria tanto a mim quanto à minha mãe.

"Eu vou ajudar você e a Ma se você cuidar dela, já que ela não dirige. E, ao mesmo tempo, você pode ser meu motorista nos filmes. Assim, nós passamos tempo juntos. Podemos todos ficar juntos."

Eu sabia que meu irmão adorava dirigir. Sempre que podia, ele fazia longas viagens de carro pelo país. Eu adorava os carros da Porsche, e ele sempre ficava feliz de poder dirigir um daqueles.

Esse foi o nosso acordo. Eu me sentia melhor sabendo que meu irmão estaria com a nossa mãe. E, como meu motorista, eu sabia que sempre podia contar com ele. Ele sabia a diferença entre Whoopi Goldberg, a artista, e a Mana.

Meu irmão era muito querido nos sets, porque era uma pessoa extremamente divertida. Quando ele estava presente nas filmagens, fazia uma diferença enorme para mim porque ele conseguia entender o que eu queria pelo olhar.

Sempre que me levava a algum lugar, ele dizia: "Deixa eu entrar primeiro para ver como as coisas estão por lá."

Às vezes, ele voltava para o carro e dizia: "Acho que você não vai querer entrar. Tem muita coisa acontecendo e muita gente, sabe. Talvez seja melhor evitar."

Eu dizia: "Tudo bem, legal. Obrigada."

Ele era a minha carta na manga. Meu irmão adorava se aventurar. Sempre que eu precisava ir a algum lugar, ele estava disposto a ir também. Ele também gostava do que estar comigo acabava causando. Era como se ele aparecesse nos lugares com um filhotinho de cachorro.

Quando nós saíamos e uma mulher bonita me abordava ou pedia o meu autógrafo, eu apresentava Clyde a ela como meu irmão. Como ele era um homem charmoso, as mulheres ficavam para bater um papo com ele. E os dois acabavam marcando um encontro para mais tarde.

Assim como a minha mãe, Clyde adorava conhecer os atores e artistas que admirava e conversar com eles. Ambos gostavam de artistas peculiares.

Minha mãe me disse para prestar atenção em Sammy Davis Jr. Ela achava que ele não era reconhecido como merecia, considerando sua versatilidade. Ela dizia que ele era um artista raro que fazia de tudo. Era assim como também enxergava Michael Jackson. Ela admirava Quincy Jones por sua habilidade de reconhecer e desenvolver talento em diferentes gêneros musicais. Era uma fã de longa data de Judy Garland, Harry Belafonte e Billie Holiday. Também apreciava o talento único de Freddie Mercury e David Bowie.

No cinema, ela admirava os atores que sustentavam o filme com suas potentes atuações.

Uma vez, no início dos anos 1990, eu estava na minha casa, em Pacific Palisades, e minha mãe e meu irmão estavam passando um tempo lá comigo.

Eu recebi um telefonema do meu agente, que disse: "Marlon Brando quer falar com você."

Eu pensei que ele estivesse inventando história, então disse: "Ah, sei, Está bem."

Meu agente respondeu: "Não, é sério. Marlon Brando quer ligar para você. Ele gosta bastante de você e quer te conhecer como amigo."

"Então é sério? Tudo bem. É claro. Dá o meu número para ele."

Clyde e minha mãe tinham saído juntos, então somente eu e a faxineira estávamos em casa.

Cerca de quarenta minutos depois, o meu telefone tocou, e eu disse: "Alô." E ouvi uma voz familiar porque eu já tinha assistido a todos os filmes dele, alguns várias vezes. Eu fiquei ali, com o telefone na orelha, sorrindo.

Ele disse: "Bom, eu queria conversar com você. Pode ser, digamos, na quinta-feira ou algum dia próximo?"

Eu disse: "Tudo bem. Você quer vir aqui? Ou eu posso ir até você."

E Marlon disse: "Não, eu vou até você."

Então, eu dei a ele o meu endereço, e nós desligamos. Eu tinha certeza de que minha mãe e meu irmão adorariam saber disso.

Nos fundos da minha casa, havia um desfiladeiro com uma encosta e um jardim. Eu fui até lá para cortar algumas flores para pôr em um vaso. Estava lá com a minha tesoura de poda quando ouvi alguém tocando o meu piano. Eu não conseguia entender como aquela música estava sendo tocada, porque eu sabia que a faxineira não tocava piano e não tinha mais ninguém em casa. Foi quando eu fiquei preocupada, achando que algum estranho tinha invadido.

Eu contornei a casa na ponta dos pés e agarrei algo longo, algo com o qual poderia bater em alguém caso precisasse. Eu abri as portas duplas e olhei para dentro da casa. Marlon Brando estava tocando o meu piano. Ele estava tocando "Stardust". Eu fiquei lá de pé, segurando o cabo da pá, pensando *Marlon Brando está tocando piano na minha casa*! Com certeza, eu estava de boca aberta.

Ele não parou de tocar.

Quando terminou, eu disse: "Isso é incrível, mas o que você está fazendo aqui? Pensei que nos veríamos na quinta."

Ele respondeu: "Ah, a conversa estava tão boa que eu decidi vir aqui agora. A faxineira me deixou entrar."

"Está bem. Está com fome? Quer comer ou beber alguma coisa?"

Ele não quis nada, então eu o levei até a sala de estar. Eu sabia que não conseguiria preparar a minha mãe ou o meu irmão para o fato de que Marlon Brando estava na casa. (Isso aconteceu uns cinco anos antes de todo mundo andar com celulares.)

No início, nós conversamos sobre a aula de teatro que ele estava dando, e ele queria que eu fizesse uma aparição especial para conversar com os alunos. Depois, nós falamos sobre os filmes que amávamos.

Depois de trinta minutos de conversa, minha mãe entrou pela porta da frente.

Eu disse: "Ma, deixa eu te apresentar a *Marlon Brando*."

PARTES DE MIM *179*

Ela ficou completamente imóvel, e eu vi seus olhos acenderem como se estivessem em chamas. Era como se seu cabelo crescesse alguns centímetros, todo iluminado. Ela caminhou até nós como a Rainha de Sabá. Estendeu a mão com muita formalidade, e com uma voz rouca e sensual, disse: "É um prazer conhecê-lo, sr. Brando. Saiba que sou uma grande fã do seu trabalho."

Eu olhei para ela como se visse uma estranha que não aparecia desde o dia em que ela conheceu Sidney Poitier. Era a mesma pessoa que conheceu Marlon Brando. Bem na minha frente, ela se transformou em uma mulher sedutora.

Marlon se levantou e se curvou, depois segurou e beijou a mão de minha mãe.

Com isso, a cabeça da minha mãe estava prestes a explodir.

Marlon disse a ela: "A senhora é deslumbrante. A sua filha e eu estávamos falando sobre cinema. É um prazer conhecê-la."

Ela sorriu, timidamente. "Bom, eu vou lá para cima. Mais uma vez, sr. Brando, muito prazer." Ela se virou e, a passos lentos, andou em direção à escada.

Eu pensei *Sério, Ma?* Mas fiquei tentando não rir.

Depois de um tempinho, meu irmão chegou.

E eu disse: "Clyde, quero que você conheça *Marlon Brando*."

Clyde se aproximou de Marlon, que se levantou outra vez, e os dois se abraçaram e fizeram um aperto de mão elaborado como se tivessem ensaiado.

Eu fiquei observando e pensei *Você sabe que está falando com Marlon Brando? Porque está parecendo que vocês são amigos de infância.*

Então Clyde disse a Marlon: "Olha, foi muito legal falar com você. Que bom te ver!" Eles repetiram aquele aperto de mão, e meu irmão foi para o andar de cima.

Marlon permaneceu por mais trinta minutos, e nós conversamos sobre a ilha que ele tinha em Fiji e seus esforços para preservar o meio ambiente. Ele também tinha interesse em cultivar, no oceano, spirulina e algas que podiam ser ressecadas e usadas como fonte de proteína para alimentar as pessoas no mundo.

Quando ele foi embora, minha mãe e meu irmão desceram as escadas como duas crianças na manhã de natal. Eles estavam sacudindo as mãos no ar, berrando: "Meu Deus! Meu Deus! Marlon Brando estava aqui em casa!"

Nós começamos a dançar e a vibrar. Ficamos fazendo uns movimentos malucos.

Meu irmão me disse: "Caramba, acho que você é famosa."

Eu estava me acabando de rir e disse: "Também acho. Eu devo ser mesmo."

Aquele foi o primeiro dia da minha longa amizade com Marlon Brando.

Quando ele faleceu, eu recebi um telefonema dizendo que ele tinha me deixado um pedaço de terra em sua ilha em Fiji. Isso me deixou sem palavras. Por essa eu não esperava mesmo.

Um tempo depois, um advogado da família me ligou e disse: "Eu sei que Marlon deixou uma parte da ilha para você, mas gostaríamos de pedir que você devolvesse porque, se todo mundo pegar uma parte, não vai sobrar nada da ilha."

Eu disse que compreendia e que abriria mão do terreno para a família do Marlon.

Eu só vi a minha mãe se comportar outra vez daquele jeito tímido de quando conheceu Sidney Poitier e Marlon Brando na vez em que ela foi comigo à Casa Branca. Eu trabalhei na campanha presidencial de Bill Clinton nos dois mandatos. E descobri que a minha mãe também tinha uma amiga trabalhando na campanha.

Eu disse: "Ma, o presidente vai vir para cá, e eu vou ao evento dele. Você quer me acompanhar e conhecê-lo?"

Aparentando desinteresse, ela disse: "É, eu vou."

Então, eu levei a minha mãe comigo à Casa Branca, ao evento de arrecadação de fundos para o segundo mandato. Eu estava lá, no salão lotado, e a amiga da minha mãe se aproximou e deu um forte abraço nela. Então, as portas se abriram, e Bill Clinton entrou.

Não é nenhum segredo que ele tem alguma coisa, uma energia sexual bizarra que atrai as mulheres que se aproximam dele. Todo mundo falava disso.

Bill veio nos cumprimentar e se curvou na direção da minha mãe, pegando sua mão e dizendo, com aquele sotaque sulista: "É um grande prazer conhecer a mãe da Whoopi."

Bem na minha frente, minha mãe se transformou em uma mulher de vinte e cinco anos. Ela parecia uma daquelas pinturas de mulheres negras na década de 1960 com o cabelo afro. Ela estava radiante, com pequenas faíscas saindo de sua cabeça.

A voz dela ficou mais grave, rouca e baixa, e ela disse: "Ah. Ah, sr. presidente."

Ele conversou com ela por uns dez minutos e, para mim, foi incrível ver a minha mãe batendo um papo com o presidente dos Estados Unidos, algo que, com certeza, ela nunca imaginaria fazer. Minha mãe apreciava a lealdade e a convicção dele em relação aos programas de Head Start. Ele manteve o programa durante os oito anos de governo. Minha mãe sempre achou que as crianças não recebiam o respeito devido e que o governo deveria implementar mais programas como Head Start no país. Assim como o presidente Clinton, ela acreditava plenamente que, se uma criança recebesse uma boa educação desde pequena, teria muito mais chances de ser bem-sucedida.

Observando a minha mãe conversar com o presidente, eu pude perceber como a minha vida era fantástica.

Quando Barack Obama foi eleito o 44º presidente, ela me disse: "Bom, eu nunca pensei que veria este dia chegar. Um presidente negro na Casa Branca. Nunca pensei que este dia chegaria."

Clyde também chamava a atenção das mulheres, assim como Bill Clinton. Chovia mulheres quando ele estava por perto. Quando ele conhecia as pessoas, costumava manter contato com elas. Ele também frequentava as reuniões do bairro e falava com todos os vizinhos.

Quando meu irmão morreu, vítima de um aneurisma, em 2015, ele teve três funerais: um em Berkeley, um em Los Angeles e um em Nova York.

Depois do primeiro funeral em Berkeley, duas mulheres me abordaram em momentos diferentes. Uma delas disse: "Eu não sei se você sabe, mas Clyde e eu tínhamos planos de vivermos juntos." A outra disse: "Clyde e eu íamos de carro até Nova York para te visitar daqui a um mês." Ambas choravam descontroladamente.

Então, nós fizemos um funeral em Los Angeles também. Eu estava com Alex quando ela disse: "Aí vem outra."

Pois é, mais duas mulheres nos abordaram, em momentos diferentes, para dizer: "Clyde e eu íamos morar juntos" ou "Clyde ia me levar a tal lugar".

Alex me olhava de esguelha e depois perguntou: "Com quantas mulheres ele estava saindo?"

Eu não fazia ideia, mas, na minha cabeça, eu disse para ele: "Tenha dó, Clyde. Que coisa mais ridícula!"

Quando nós chegamos a Nova York, a história se repetiu, com outras duas mulheres. As mulheres eram diferentes umas das outras: diferentes tons, cores, linguagens, idades, tamanhos, ele não se importava.

Quando o funeral em Nova York acabou, eu juro que, no meu interior, eu pude ouvir o meu irmão dando risada. As mulheres adoravam o meu irmão, mas ele não queria parar com nenhuma delas. Ele era um homem do mundo. Adorava se vestir muito bem, dirigir belos carros e se divertir. Ele era uma peça rara.

Um ano após a sua morte, eu sonhei com ele. Eu estava de pé, com uma mochila nas costas. Dentro de uma escola, como a minha escola do ensino fundamental e usando uniforme. Clyde veio caminhando, e eu pensei *Olha você aí de pé. O que está fazendo?* Então ele se aproximou. *Espera. Você está morto. É melhor eu desmaiar.* Então eu provoquei um desmaio.

Clyde chegou perto de mim e perguntou: "Por que você está desmaiando?"

"Eu não sei", eu respondi. "Como você está?"

"Eu estou bem. Está tudo bem. Eu só vim dizer oi." Clyde me abraçou forte.

Eu disse a ele: "Até breve."

Ele disse: "Não tão breve."

E foi isso.

De certa forma, fico aliviada por Clyde e minha mãe terem partido antes do mandato do 45º presidente. Eu sei que a minha mãe se sentiria muito desmotivada com essa atitude de jogar as pessoas umas contra as outras, de ver os direitos das mulheres serem revogados e como as coisas pioraram para a população negra e para outras pessoas de outras etnias neste país.

Quando eu era criança e morava na periferia, via algumas mulheres com números estampados nos braços. Na época, eu não sabia o que eram, mas entendi depois. Já mais velha, eu conversava com essas idosas judias que haviam sobrevivido às atrocidades do Holocausto, que diziam: "Mantenha os olhos bem abertos. Isso nunca aconteceu nos Estados Unidos, mas não significa que não possa acontecer. Se você começar a ouvir coisas que não pareçam boas perto de você, precisa parar e escutar. Quando esse tipo de coisa acontece e a gente começa a perder o direito à cidadania, precisamos prestar muita atenção."

Uma dessas senhoras me disse: "Você não vai querer ser capturada como nós fomos. Não conseguimos escapar a tempo. Não fugimos rápido o bastante."

Desde 2016, eu tenho pensado nisso. Eu estou ouvindo. Estou prestando atenção. E estou preparada caso o pior aconteça. Mas minha mãe e meu irmão ficariam furiosos e tristes com o enorme retrocesso do nosso país.

Eu ainda tenho esperança, e sei que a maioria das pessoas neste país quer apenas viver a vida em paz, mas eu estou ouvindo, e observando de olhos bem abertos.

# Capítulo Catorze

ALGUMAS COISAS ME TRANSPORTAM para a minha mãe. Eu sinto um perfume no ar ou o sabor de alguma coisa que me faz lembrar dela, até mesmo agora.

Se alguém se aproxima de mim com um pacote de batatas chips Wise, principalmente o sabor de cebola com alho, eu me sinto perto da minha mãe. O mesmo acontece com as balas de caramelo Werther's, os sais de banho Jean Nate e o perfume Chanel Nº5. Essas coisas nunca me deixam triste; são, na maioria das vezes, boas lembranças.

Apesar disso, toda vez que ouço a canção "Who Can I Turn To?", eu fico com os olhos marejados. Escrita por dois compositores britânicos, Leslie Bricusse e Anthony Newley, foi provavelmente a canção mais famosa interpretada por Tony Bennett em meados da década 1960. Minha mãe sempre cantava junto quando a música tocava.

A letra parece trazer de volta a minha mãe e a maneira como ela conduziu sua vida. De certa maneira, é o momento em que eu me encontro agora também. É como se a gente se perdesse do nosso caminho e tentasse encontrar alguém para nos amparar, alguém que vai nos compreender.

Eu nunca estive em depressão. Se já aconteceu, eu não me dei conta. É como eu disse, eu sou uma pessoa sortuda. Mas eu percebo a depressão em alguns familiares. Por mais que minha mãe amasse a vida que ela tinha na Califórnia, a sua casa com um jardim, com meus cachorros e gatos, que a veneravam, de vez em quando, ela era consumida por uma profunda melancolia. Às vezes, eu olhava para ela e percebia que somente seu corpo estava presente. Ela estava em outro lugar, provavelmente em uma lembrança da qual eu não fazia parte e da qual ela nunca falaria. Eu esperava, dava espaço a ela, não comentava nada e, depois de alguns minutos, ela voltava. Parecia que alguma parte da história tinha aparecido sorrateiramente, sem ser convidada, e não fazia sentido deixá-la ficar.

Somente após a morte da minha mãe, eu tive a sensação de me sentir perdida. Não diria que é um luto prolongado porque eu não sou dominada por ele. É mais como um luto que eu levo comigo na ponta dos meus pés. Não é um sofrimento. Eu me sinto desorientada ou apática. Não consigo ter certeza do que deveria sentir agora. Não estou furiosa, só lamento o fato de não ter mais minha mãe e meu irmão aqui.

Eu sei que nenhum dos dois poderia ter feito algo para impedir a morte, mas às vezes, eu penso *Por que vocês dois me deixaram aqui?*

Não que eu tenha pressa de ir para onde eles foram, mas, muitas vezes, eu apenas caminho por aí, vou aonde tenho que ir e faço o que tenho que fazer. Eu não fazia ideia de que as coisas mudariam tão drasticamente para mim quando eles partissem. Eu era assim tão apegada à minha mãe e ao meu irmão que não consigo achar meu próprio rumo? É o que eu sinto. Eles eram a minha base, o meu choque de realidade, porque me conheciam desde sempre.

Alguns meses antes da morte de minha mãe, eu pedi desculpas a ela.

"Ma, desculpa por ser tão idiota às vezes quando eu era mais nova."

Ela sacudiu a cabeça e sorriu. "Todos os jovens são idiotas em algum momento da vida. Faz parte de descobrir quem a gente é. Nós temos que saber o que funciona e o que não funciona para nós."

"Tudo bem", eu disse. "Mas essa fase foi muito dura para você?"

"Não", ela me disse. "Porque eu sabia o que estava por vir. Quando nós temos filhos, precisamos ter em mente que eles vão ser diferentes de nós. Mas essas diferenças não são tão absolutas." Depois de um minuto ela continuou: "Eu olhei no espelho um dia e vi minha mãe saindo da minha blusa. A mesma coisa vai acontecer com você. Um dia, você vai olhar e me ver saindo da sua blusa."

Ela sabia o que ia acontecer. Estou a cada dia mais parecida com ela e falando como ela. Eu olho no espelho e vejo a minha mãe... saindo da minha blusa.

Isso não me incomoda, mas eu queria que ela ainda estivesse aqui. Eu preciso da minha mãe. Eu ainda preciso que ela diga "Preste atenção no seu rosto" quando eu apresento o *The View*. Ela assistia ao programa e depois me ligava para avisar que, pela minha expressão, parecia que eu não concordava com o convidado ou com as outras apresentadoras. Ela me dizia que a minha expressão dizia tudo e que isso não era bom. Hoje, é a minha filha quem faz isso por mim.

"Parece que você está revoltada, que não concorda com nada, e não acho que seja isso o que deseja que as pessoas vejam, porque pode não ser verdade."

Ela tinha razão.

Eu aprendi isso com a minha mãe quando era pequena: a ser gentil com as pessoas, mesmo quando não gostamos delas ou quando não concordamos com o que estão dizendo.

Ela sempre dizia: "Não custa nada ser gentil. Nós podemos fazer algumas coisas. Dá para ser gentil sem dinheiro."

Mesmo no início da minha carreira, a minha mãe me ensinou que eu tinha a responsabilidade de ser gentil com os meus fãs. Ela me fazia lembrar que, provavelmente, a pessoa precisou de muita coragem para me abordar e pedir um autógrafo.

Ela me dizia: "Quando você está aqui em casa, você é só você. Mas, quando sai por aquela porta, as pessoas esperam ver Whoopi

Goldberg. Por isso, dê o seu melhor. E, se você estiver na TPM, não saia de casa. Não vá a lugar algum, porque você fica um pouco rude na TPM."

Minha mãe e meu irmão eram os únicos que me diziam "Não seja babaca", e eu sentia que falavam com amor. Porque era isso mesmo.

Ela podia me dizer qualquer coisa, e eu podia dizer a ela coisas que não podia dizer a mais ninguém. Quando eu falava com a minha mãe, ela ouvia além das minhas palavras. Ela compreendia o que estava acontecendo comigo. De forma semelhante, meu irmão também era assim.

Conforme adentro o meu 69º ano neste mundo, eu penso *Agora é isso que se torna um legado, certo? Minha mãe e meu irmão me deixaram conhecimento suficiente para que eu enfrente qualquer que seja o tempo que me resta.*

Sei que estou bem sozinha, mas eu não fazia ideia do quanto me sentiria perdida. Desde que a minha mãe faleceu, não saio muito de casa. Eu não tinha vontade de ir ao teatro, a shows, aos jogos dos Yankees ou de basquete. Antes, eu dava festas na minha casa. Depois, eu não queria mais receber ninguém. Mas fiz um esforço. Eu sabia que seria da vontade de minha mãe que meu irmão e eu continuássemos comemorando os aniversários e as datas especiais e que tivéssemos bons momentos mesmo que ela não estivesse conosco.

Depois que Clyde se foi, eu pensei: *E agora?* Eu não conseguia sentir vontade de fazer algo. Clyde era o meu farol. Era a única pessoa que me restava que sabia tudo sobre mim. Ele sabia tudo sobre a minha mãe. Quando ela estava internada, ele era o meu abrigo na tempestade. E ele me trouxe paz, já mais velha, quando passou a cuidar da nossa mãe. Quando ele nos deixou, eu perdi o compasso. Eu me senti muito desorientada.

Pela primeira vez, me senti uma adulta, completamente sozinha. Antes, eu sempre tinha sido a filha da minha mãe e a irmã mais nova do meu irmão. Agora, passei a ser apenas uma adulta sozinha. Eu não sabia o que fazer. Não estava pronta para não ter alguém mais velho que eu comigo.

A minha única vontade era voltar para casa do trabalho, deitar encolhida na cama e hibernar. Mas eu sabia que não podia fazer isso. Eu sabia que, se deixasse o luto me consumir, permaneceria imersa nele por um longo tempo. Não era assim que eu queria ficar. Fui criada para não me deixar abater pelas dificuldades. E, caso não pudesse evitar, seria melhor pedir ajuda, conversar com alguém. Desde que perdi a minha mãe, isso aconteceu algumas vezes. Eu tentei me abrir com as pessoas sobre o que estava acontecendo comigo.

Eu sabia o que minha mãe diria se eu tivesse desistido e me isolado do mundo. Posso ouvi-la na minha cabeça. "Saia da cama. Levante e vá fazer alguma coisa. Alguma coisa relevante. Você ainda está viva, sabia? Não importa que eu e seu irmão não estejamos aí. O que importa é que você ainda está aí. O que você vai fazer?"

Eu tinha que comparecer aos compromissos do trabalho e de alguns projetos. Tinha que ficar bem para a minha filha e sua família.

Eu comecei a escrever cartões para amigos que estão passando pelo mesmo e que perderam a mãe recentemente. Quero compartilhar com eles o que descobri sozinha, esperando que, com isso, possa ajudar. Talvez seja útil para você também.

Eu começo dizendo que as pessoas que nunca perderam a mãe não vão saber o que fazer ou como reagir à sua perda. Faça o seu melhor para ser gentil com elas, mesmo que você não tenha vontade.

Algumas vezes, quem nunca perdeu um pai ou uma mãe, mais especificamente a mãe, vai dizer algo que vai te fazer pensar: *Mas que merda! Você não faz ideia do que está falando.* Ela não está passando pela mesma coisa. Não sabe como agir. O melhor que você pode fazer é agradecer, encerrar a conversa e ir embora.

Você vai conversar com pessoas de quem gosta muito, até mesmo outros familiares, e perceber que não estava presente na conversa.

Você foi para outro lugar e não ouviu o que eles disseram. Está tudo bem. É completamente normal.

A perda da sua mãe é a perda da primeira pessoa que olhou para você e pensou: *Esse é o meu bebê*. Mesmo que ela não tenha criado você do começo ao fim, você ainda foi parte dela no início. Ela foi a primeira pessoa a olhar para você e pensar: *Tudo bem, caramba. Vamos lá*.

Se colocaram você nos braços de uma mulher que resolveu ser a sua mãe, essa é a pessoa que te manteve vivo. Ela te alimentou. Você fez xixi nela, regurgitou nela. Mesmo assim, ela cuidou de você, conversou com você e o guiou para que se tornasse mais independente. Ela foi a primeira conexão que você teve na vida. Quando somos crianças, nunca pensamos que esse relacionamento vai acabar. Até mesmo na vida adulta, não deixamos nossa mente aceitar que ela não estará aqui algum dia.

Cada pessoa que perdeu a mãe vive o luto à sua própria maneira. Muita gente passa por um luto profundo quando perde a mãe. Algumas demoram um pouco para sentir a perda. Estranhamente, só depois de um longo tempo a perda da minha mãe me impactou. Eu deixei o luto em espera porque sou uma pessoa eficiente. Eu queria concluir os meus projetos, cumprir minhas obrigações e depois descobrir como lidar com isso. Mas não é assim que as coisas acontecem.

Seja você do tipo que logo sente a tristeza, do tipo que prefere deixar para sentir o luto depois, ou até mesmo do tipo que não consegue sentir muita coisa, todos nós ainda temos uma coisa em comum. Não existe uma cronologia ou um desfecho para o luto da sua mãe. Nós continuamos na expectativa de alguma mudança ou de que essa sensação se transforme.

Por vezes, as lágrimas são inevitáveis, e você só precisa chorar. Pode não ser conveniente no momento ou acontecer de forma inesperada. Se a tristeza chegar, é melhor se permitir senti-la plenamente. Pegue uma poltrona confortável. Feche as cortinas. Desconecte-se do mundo por um tempo e sinta profundamente a dor, como você jamais pensou que fosse possível. Mergulhe em um estado de insanidade por toda a casa. Permita-se sentir. Isso vai ajudar você a se recompor mais rápido e voltar para a sua vida.

Mas essa tristeza vai voltar. Mesmo que continue acontecendo anos depois. Três anos após a morte da minha mãe, às vezes eu pensava: *Por que ainda estou me sentindo assim?*

Não existe uma data de validade para essa tristeza. Ela se transforma, mas continua com você. É um sentimento que fica ali no canto. Sempre perto de você, todos os dias. E às vezes ganha força e corre até você. Você só precisa deixar ele seguir o seu curso.

Caso se sinta desconfortável, não se coloque em situações em que as pessoas estejam celebrando e se divertindo. No início, ficar perto de pessoas que estão apenas vivendo a vida pode te irritar. Lembre-se: elas não estão passando pelo mesmo que você. Você precisa se lembrar de que está vendo tudo com os olhos da perda.

Em algum momento, você vai ter que separar a dor pela perda da sua mãe e a dor pela perda de si mesmo. Tudo bem se sentir assim, mas você precisa dar nome aos sentimentos. Se passar muito tempo lamentando por si mesmo, procure alguém capaz de ajudar você a lidar com isso. Alivie esse fardo. Você não perdeu o juízo; só precisa desabafar com alguém.

Meu principal conselho para quem perdeu a mãe é encontrar uma maneira de celebrar a vida. Não importa como tenha sido o seu relacionamento com ela, encontre uma maneira de achar graça na pessoa que ela era e na vida que compartilharam.

A melhor maneira de honrar a sua mãe é dando risadas.

Quando ri, a sua respiração se transforma, e tudo ao seu redor se ilumina, permitindo que você enxergue o caminho e avance em direção ao próximo passo. Eu tive a sorte de ser filha da minha mãe e irmã do meu irmão. Convivi com pessoas que sabiam se divertir sempre que podiam. Quando eu era criança, nós nos divertíamos, mesmo sem ter dinheiro para comer em um bom restaurante ou para viajar nas férias. Nós inventávamos a nossa diversão. Eu não sei como a minha mãe fez isso, mas nunca senti, quando criança, que precisava me contentar com pouco.

Nós três sabíamos como aproveitar a vida quando tudo estava ótimo e eu tinha dinheiro suficiente para fazermos o que quiséssemos. Nós talvez tenhamos elevado o nível das experiências — hotéis e spas no Havaí, viagens a Londres com estadia no Savoy, assentos especiais para os jogos da NBA, suítes em Las Vegas e apostas à vontade — mas a dinâmica entre nós nunca mudou. Nós não nos divertíamos porque tínhamos mais dinheiro. Nós dávamos risada com qualquer situação. Não fazia diferença se estávamos em um restaurante de três estrelas Michelin em Roma ou comendo cachorro-quente no Nathan's em Coney Island. Era sempre fantástico visitar lugares incríveis, mas o mais importante não era o ambiente. Era esse núcleo familiar.

Eu me sinto solitária, mas não é por falta de outras pessoas. Tenho muitas pessoas na minha vida: amigos, colegas de trabalho e família. Tenho a minha filha e a família dela. Mas é diferente. Alex tem o seu ninho com o marido dela, os três filhos e a neta. Ela tem sua própria sólida família de seis. Eu sempre sou incluída, mas não é a mesma coisa. Sinto falta das pessoas que me conheciam desde o meu primeiro fôlego: minha mãe e meu irmão.

Para aqueles que ainda têm a mãe, o pai e irmãos com vocês, não demore muito a falar sobre a morte. Eu sei que muitos de nós evitamos pensar nisso, principalmente nos Estados Unidos, então não temos preparo para lidar com esse momento. Nós deixamos esse assunto para situações esterilizadas, em lugares aonde muitos de nós só vamos quando é necessário. Nossos familiares geralmente partem em salas de emergência ou durante uma cirurgia ou em unidades de tratamento intensivo. Se estão idosos ou doentes, talvez fiquem no hospital, em uma casa de repouso ou em uma unidade de cuidados paliativos, que é uma providência divina. Mas a maioria das pessoas não precisa lidar sempre com a morte ou pensar muito nela. O pior momento para resolver como lidar com isso é depois que a pessoa morreu.

É importante ter essa conversa e deixar registrado o que você deseja que aconteça com você e o que eles desejam para si. Tenha essa conversa aos vinte e cinco anos e também dez anos depois e dez anos depois. Certifique-se de que os desejos de todos estejam atualizados.

Talvez você não seja próximo da sua família, talvez tenham diferentes pontos de vista a respeito de várias coisas importantes para você. Ainda assim, o momento de resolver tudo é quando os seus familiares estão vivos. Diga o que precisa dizer enquanto as pessoas ainda podem ouvir. Dê a eles a chance de entender e oferecer uma resposta.

Talvez você não tenha recebido afeto ou gentileza de seu pai ou de sua mãe. Mesmo que eles não tenham criado você, ainda foram seu ponto de referência. Então, em algum momento, você terá que resolver a sua relação com eles. Enquanto ainda pode dialogar, conte a eles como você se sente, tente conversar e ouvir o que têm a dizer. Porque, quando eles partirem, essas coisas começam a confrontar você, o fato de que você não disse e não fez o que queria. Mesmo que precise expressar a sua fúria, faça isso.

A mãe de uma amiga minha tem demência e está começando a esquecer as coisas. Conforme a doença avança, ela está se tornando uma pessoa mais agradável que todos amam ter por perto. Está bem diferente da mãe que foi para a filha.

Minha amiga me disse: "Agora eu posso dizer a ela como eu me senti quando ela fez tal coisa."

E a mãe olha para ela e diz: "Sabe, eu sinto muito, minha querida."

A pessoa que ela é hoje não se orgulha de tudo o que fez aos filhos no passado. Ela não compreende quando aconteceu, mas sabe que causou sofrimento à filha.

Minha amiga disse: "Acho que minha mãe pode me ouvir às vezes."

Eu disse: "Seja gentil para não deixá-la assustada. Ela não se lembra de onde está ou por que está lá. A pessoa com quem você fala agora não é a mesma pessoa da sua infância."

Ela me disse: "Se ela fosse assim na minha infância, nós teríamos tido um relacionamento diferente."

Eu compreendo o que ela disse, mas também lembro aos meus amigos que nós costumamos esquecer que nossos pais também foram crianças e tiveram pais. Nós não sabemos muito bem como eles foram criados. Então, precisamos fazer um esforço maior para dizer: "Eu não sei como você foi criado e como isso influenciou a pessoa que você é hoje."

Mesmo que você não possa dizer isso para a sua mãe, pelo menos reconheça que talvez ela tenha tratado você do mesmo jeito que foi tratada pelos pais. Provavelmente, ela fez o melhor que pôde com pouco conhecimento. É provável que sua mãe tenha crescido em uma família que nunca falava sobre sentimentos. Que só tivesse tempo para pensar em como manter um teto sobre suas cabeças e no que teriam para comer no dia. Ou talvez ela tenha sido criada em um lar muito rigoroso, onde não podia errar ou demonstrar qualquer individualidade. Pense bem. É mais complicado do que nós pensamos.

Assim como a minha mãe, eu penso o seguinte: *Não faz sentido ficar aqui sofrendo e chorando pelo que está ruim se ainda tenho coisas para resolver. Então é melhor que eu as resolva. Se tivermos tempo, nós conversaremos sobre tudo em algum momento. Caso contrário, a única opção é seguir em frente.*

Provavelmente, a tarefa mais difícil após a perda da mãe ou de um ente querido é se desfazer dos objetos que faziam parte da vida deles. Depois que minha mãe morreu, meu irmão e eu conversamos sobre o que fazer com todos os pertences dela. Eu precisava voltar a trabalhar em *The View*, então Clyde me garantiu que cuidaria de tudo. Como Clyde adorava dirigir pelo país, ele vinha me ver em Nova York ou visitar a família em Los Angeles. Eu passei muito tempo sem voltar à minha casa em Berkeley.

Eu perguntava ao Clyde: "Como vai a arrumação das coisas da mamãe?"

Ele sempre dizia: "Estou resolvendo. Está tudo bem."

Só quando Clyde faleceu eu descobri que ele não tinha tocado em qualquer coisa da casa desde a morte de nossa mãe. Em cinco anos, nada tinha mudado.

Foi então que eu percebi que ele não conseguiu fazer aquilo sozinho. Ele era tão apegado à nossa mãe que tudo na casa evocava nele lembranças sentimentais.

Essa é outra coisa que eu digo aos meus amigos em luto: se vocês têm irmãos, arrumem todos os pertences juntos. Escolha um momento em que vocês possam cuidar disso juntos. Você não tem como saber o que é importante para os seus irmãos. Vocês terão que se livrar de muitas coisas, mas podem pelo menos perguntar um ao outro: "Alguém vai querer isso?"

Vai ser um longo processo. Portanto, se você tiver opção, não tente fazer tudo de uma vez. Escolha dias em que todos possam participar. Comece com as coisas valiosas e depois passe para os móveis, os livros, os papéis e as roupas.

Caso seja filho único, peça a companhia de um primo ou de um bom amigo. É bom poder conversar com outras pessoas sobre lembranças ou acontecimentos bobos com seu ente querido. Com a ajuda de outra pessoa, você também poderá administrar as coisas: *Manter? Ou dar para alguém?* Você provavelmente vai chorar um pouco. Vai ser difícil porque, em algum lugar, lá no fundo de sua mente infantil, jamais imaginou que sua mãe não estaria naquela casa, naquele quarto, naquela cama. Mas você também vai rir se outra pessoa estiver com você, porque, no mundo das memórias, chorar e rir não são coisas tão distantes.

No início, vai parecer que você quase não é capaz de suportar a ideia de abrir mão dos objetos. Faça o que puder para ser realista, mas também não se cobre muito. Embale as coisas que quer preservar e guarde em algum lugar por um ano. Um ano depois, examine o que você guardou. Você estará menos sentimental e mais disposto a abrir mão de muitos objetos. Depois de um ano, você vai olhar em volta e pensar: *Eu preciso me desfazer de muita coisa*. Não é desrespeitoso com o seu ente querido que você não guarde tudo o que ele tinha. Depois de um ano, mantenha o que é importante para você no momento, seja lá o que for.

No final, eu guardei apenas o que me conectavam à minha mãe.

Alguém me perguntou recentemente o que eu faria se pudesse ter minha mãe comigo por mais um fim de semana prolongado.

Nas primeiras horas, Alex, os netos e todas as pessoas que a amavam muito pulariam em cima dela e a carregariam para todo canto.

Então eu diria: "Venha, vamos dar uma volta de carro." Eu queria que ela tivesse a sensação de andar em um carro elétrico, porque eles não eram comuns em 2010. E eu mostraria a ela o quanto os celulares e a tecnologia avançaram.

Depois, eu diria: "Vamos para a Itália, para você ver a casa que eu comprei lá." No voo, eu contaria a ela tudo o que aconteceu desde que ela partiu: as coisas boas, as ruins e as estranhas. Iríamos à praia na Itália, tomaríamos sol, fumaríamos baseados e apenas daríamos risadas.

Enquanto escrevo estes últimos pensamentos sobre minha mãe, estou olhando para meu esmalte metálico azul brilhante. Minha filha me levou para fazer as unhas com ela, e agora estou viciada em pintar as unhas com cores cintilantes. Minha mãe tinha mãos muito bonitas e unhas longas e fortes, e ela teria adorado toda a variedade de designs de unhas que existem hoje, com glitter, símbolos, pedrinhas e toda a gama de cores. No fim, eu levaria a minha mãe para fazer as unhas. Acho que ela escolheria dourado metálico. É, dourado para a pessoa singular que ela era.

Não importa como teria sido o nosso fim de semana prolongado, sei que ela ficaria grata porque ela sempre foi assim, principalmente depois que foi morar na Califórnia. Minha mãe era muito grata por todos os dias em que não precisava trabalhar. Ela adorava viajar sem ter que se preocupar com a hora de voltar. Ela estava livre para aproveitar a vida.

Eu nunca precisei questionar se ela estava feliz. Minha mãe, Clyde e eu sempre dissemos o que tínhamos que dizer. Sei que, enquanto ela estava viva, eu cumpri minha missão de retribuir a ela tudo o que me deu.

Eu sempre quis que minha mãe soubesse que ela era a melhor mãe para mim. Ela não apenas me deu à luz, mas deu vida à minha perspectiva, à minha confiança e ao meu sonho. Todo dia 13 de novembro, no meu aniversário, eu mandava flores para minha mãe com um cartão que dizia: "Obrigada por me deixar alugar o quarto."

Ela apreciava cada presente, cada gesto de gentileza e cada oportunidade. Quer estivesse nos corredores da Casa Branca ou sentada em uma espreguiçadeira no jardim lendo um livro — seus dias eram sempre importantes. Ela me ligava e dizia: "Eu só queria agradecer. Foi um dia perfeito. Eu me diverti muito, muito mesmo."

Outras vezes, ela dizia: "Estou muito grata por ter Clyde aqui comigo, e por você fazer o que faz, e por nós ficarmos juntos, fazendo isso como uma família."

Acho que essa é a minha nova missão: valorizar mais meus dias, como a minha mãe. Porque não há dúvidas: eu sou a pessoa mais sortuda do mundo.

A Tom Leonardis, James Jahrsdoerfer, Stephanie Suski, Mel Berger, Marcia Wilkie, Josie Woodbridge e a todos na Blackstone que ajudaram a tornar esse livro possível, e a todos que ajudaram a melhorar (e não amargar) as nossas vidas.

Este livro, composto na fonte Fairfield,
foi impresso em papel Ivory Slim 65g/m² na Leograf,
Rio de Janeiro, abril de 2025.